中国丝绸之路上的墓室壁画

总论卷

丛书主编：汪小洋
副 主 编：姚义斌　赵晓寰
编　　著：汪小洋

东南大学出版社
·南京·

内 容 提 要

历史长河中,丝绸之路早已成为沿路各方文化交流的通衢大道。在这里,除了有人们耳熟能详的边塞诗歌、佛教石窟之外,墓室壁画也奉上了一串璀璨明珠。

从文化交流走向看,借助东方大帝国的政治、军事影响,以及悠久历史建立起来的高度文明,本土文化在丝绸之路的文化交流中有着明确的主导性,墓室壁画就体现了这一点。一方面,中原墓葬的艺术形式辐射久远,中国壁画墓的遗存近一半在丝绸之路上;另一方面,墓室壁画在接受佛、道影响的同时始终保持着重生信仰的独立体系,也因此在汉以下仍然保持了本土图像的独立性。

从世界艺术发展史看,埃及和墨西哥等地也有墓室壁画遗存的发现,但后来都中断了,只有中国墓室壁画自西汉开始一直沿革到清代,从帝王到平民的各个阶层都曾以极大的热情参与,并且地域分布广泛。从文明发展的延续性和艺术发展的广泛性看,中国墓室壁画具有世界性的不可比价值。

图书在版编目(CIP)数据

中国丝绸之路上的墓室壁画.总论卷/汪小洋编著.
—南京:东南大学出版社,2017.9
 ISBN 978-7-5641-7435-4

Ⅰ. ①中… Ⅱ. ①汪… Ⅲ. ①墓室壁画—研究—甘肃 Ⅳ. ①K879.414

中国版本图书馆 CIP 数据核字(2017)第 222144 号

出版发行:	东南大学出版社
社　　址:	南京市四牌楼2号　　邮编:210096
出 版 人:	江建中
网　　址:	http://www.seupress.com
电子邮箱:	press@seupress.com
经　　销:	全国各地新华书店
印　　刷:	江苏凤凰扬州鑫华印刷有限公司
开　　本:	889mm×1194mm　1/20
印　　张:	11
字　　数:	234 千字
版　　次:	2017 年 9 月第 1 版
印　　次:	2017 年 9 月第 1 次印刷
书　　号:	ISBN 978-7-5641-7435-4
定　　价:	64.00 元

本社图书若有印装质量问题,请直接与营销部联系。电话(传真):025-83791830

江苏"十三五"重点出版物出版规划项目

江苏省文化产业引导资金文化艺术精品补助项目

前 言

汪小洋

  丝绸之路，顾名思义就是与丝绸相关的贸易之路。历史长河的漫漫岁月中，这条贸易之道早已成为沿路各方文化交流的通衢大道，在商贸之外还承担了军事、政治和民族等多方面的东西方文化交流，乃至南北方文化交流的历史重担。"大漠孤烟直，长河落日圆"，这是通衢大道的自然形态，也是艺术家眼中美轮美奂的景象。诗人笔下的丝绸之路是如此的遥远，也是如此的神秘，也因此而成为一条充满豪情、弥漫浪漫和令人翩翩浮想的艺术大道。在这里，除了人们耳熟能详的边塞诗歌、佛教石窟之外，墓室壁画也为丝绸之路奉上了一串璀璨明珠。

  丝绸之路由官方正式开启的时间是汉武帝时期，史称"凿空"。汉武帝派遣张骞两次出使西域，最初的目的是联合大月氏共同打击匈奴而解边患，这显然是一个军事活动。之后，丝绸之路更加畅通，军事活动、商业活动、宗教活动、艺术活动，乃至民族迁徙，东西方之间的各种文化交流成为常态。《尚书·禹贡》记："东渐于海，西被于流沙，朔南暨，声教讫于四海。"从中国本土文化的发展看，东渐西被可以用来形容丝绸之路上的文化交流走向。

  在丝绸之路的东西文化交流中，人们常常讨论东渐的外来文化，而对西被的本土文化则关注不多。其实，借助东方大帝国的强大政治和军事力量，以及悠久历史建立起来的高度文明，本土文化在丝绸之路的文化交流中有着明确的主导性，东渐的外来文化可以获得最大限度的包容并被迅速本土化，西被的本土文化也可以声教讫于四海而到达遥远的地方。丝绸之路上的墓室壁画也是这样，一方面，有东渐的外来文化，也有西被的本土文化，但在这一载体上进行的文化交流中，本土文化占主导地位；另一方面，墓室壁画完全是在重生信仰指导下完成的艺术行为，因此墓室壁画中本土文化的主导性更强。这样的语境下，墓室壁画描述重生信仰的宗教体验，墓室壁画成为汉以后最纯粹的本土宗教艺术载体，也因此使我们能够在认识佛教东渐并全面影响我国传统文化的时候有一个明确的参照系。这一现象的存在，是墓室壁画对中国传统文化的一个重要贡献。

从中国传统艺术发展史看，墓室壁画有着很高的艺术价值。中国传统绘画有两种流传方式：一是传世作品，一是考古作品，考古作品主要来自墓室壁画。墓室壁画是考古作品，因此这一美术作品的可靠性大大提高；同时，已有考古成果的绘画面积逾万平方米，墓室壁画体量是如此巨大，这是其他绘画类型所不可企及的。

从考古成果看，中国墓室壁画的遗存近一半在丝绸之路上，时间上也是从西汉沿革到清代，贯穿始终。中国墓室壁画有彩绘壁画、砖石壁画、帛画、棺板画等类型，这些类型的遗存在丝绸之路上都有发现，并且达到了很高的艺术水准。中国最早的黄帝图像和最早的山水画图像等，也都是出现在墓室壁画中。此外，墓室壁画具有非常突出的综合性艺术价值，可以提供宗教美术、美术考古，以及建筑、材料等各方面的历史信息，这些都是以史为证的支撑材料。

从世界艺术发展史看，中国墓室壁画也有着独特的贡献。目前墓室壁画遗存集中的只有三个国家，就是中国、埃及和墨西哥三国。埃及墓室壁画比中国早，法老时代走向辉煌，但之后希腊、罗马统治时代就式微了。墨西哥墓室壁画发展很晚，后来也被西方殖民主义者打断了。中国墓室壁画自西汉开始一直沿革到清代，从帝王到平民的各个阶层都曾以极大的热情参与墓室壁画的丧葬活动之中，并且地域分布广泛。从艺术发展的连贯性和广泛性看，中国墓室壁画具有世界性的不可比拟的价值。

墓室壁画是中国较纯粹的本土传统艺术，也是具有世界不可比拟的传统艺术，当然也是丝绸之路上的一座叹为观止的艺术高峰。

2017 年 3 月于东南大学

Preface

Wang Xiaoyang

    The Silk Road was an ancient network of trade routes, linking China with the West. In history, the Silk Road was a main thoroughfare for the exchange of culture and goods between the East and West and between the North and the South as well. 'Over the Great Desert, a lone straight column of smoke rises up; On the long river, the setting sun is round.' The above two lines from a poem by the famous poet and painter Wang Wei (701—761) vividly depict the natural environment and beautiful landscape of the Great Desert along the Silk Road. The Silk Road under the pen of Wang Wei appears remote and mysterious; indeed, it is a great road of art filled with enthusiasm, romanticism and inspiration. Here, apart from the well-known frontier poetry and Buddhist grottoes, tomb murals offer themselves as a long string of shining beads threading through the Silk Road.

    The Silk Road, known in history as *zaokong* or '(a road) chiseled out of nothing', was officially opened during the reign of Emperor Wu of the Han Dynasty (141 BC-87 BC) The Emperor dispatched Zhang Qian (114 BC) to the Western Regions twice with a view to forming allegiance with the Tokharians to fight against their common foe—the Xiongnu. The mission undertaken by Zhang Qian to the Western Regions was obviously a diplo-military one. From then onwards, the Silk Road became an ever-increasingly open and free road for commercial, religious and artistic activities, and ethnic migrations and East-West cultural communications along the Silk Road grew to be a normal phenomenon. The 'Tribute of Yu' of the Book of Documents notes: 'Reaching eastwards to the sea; extending westwards to the moving sands; to the utmost limits of the north and south; his fame and influence filled up (all within) the four seas'. From the perspective of native Chinese culture, 'reaching eastwards and extending westwards' is a true portrayal of cross-cultural communications along the Silk Road.

When talking about the East-West cultural exchange, people tend to focus on foreign cultures reaching eastwards to China with little attention given to Chinese culture extending westwards. Actually, backed by the politico-military forces of the powerful empire in the East and its long-lasting highly developed civilization, Chinese culture played an absolutely dominant role in the exchange of culture along the Silk Road: foreign cultures from the West were quickly sinicised and absorbed into Chinese culture; and Chinese culture extended as far as the four seas and made its influence felt in extremely remote areas. This is also the case with murals found in the tombs along the Silk Road. On the one hand, there are not only elements of foreign cultures from the West in the tomb murals but also elements of native Chinese culture, which feature more prominently in the murals; on the other hand, the tomb murals resulted from the artistic activities conducted entirely in line with Han Chinese belief in the afterlife, hence the dominant role of Chinese culture in creating tomb wall paintings. In this context, Han tomb murals describe the religious experience of the afterlife; they have been the purest conveyor of native Chinese art since the Han Dynasty, for they provide a well-defined reference system by which to compare and contrast with the Chinese traditional

art created under the influence of Buddhism from the Western Regions. This is the great contributions of Han tomb murals to traditional Chinese culture.

Tomb murals have very high artistic value from the perspective of the historical development of Chinese art. There are two types of traditional Chinese paintings—those handed down from ancient times, and those excavated from archaeological sites that come mostly in the form of tomb murals. As archaeological artifacts, tomb murals are more reliable fine art works from ancient China compared with paintings handed down to us. Moreover, murals that have been found so far in excavated tombs cover a total area of more than ten thousand square metres, which has been unmatched by any other form of paintings from ancient China.

Nearly half of the tomb murals are found from the burial sites along the Silk Road that span more than 2,000 years from the Western Han Dynasty (206 BC—25 AD) till the Qing Dynasty (1644—1911). Chinese tomb murals mainly come in such forms as coloured paintings on walls, paintings on stones, bricks and silk, and on coffin boards as well, as shown in the numerous archaeological finds along the Silk Road, and have reached a very high artistic level. The earliest known portrait of Huangdi (the Yellow Emperor) and landscape paintings were all drawn on tomb walls. Besides, tomb murals have an enormous value as an comprehensive art. They contain historical information regarding religious fine art, fine art archaeology, architecture, building material, etc., and provide material evidence for history as documented in written texts.

Chinese tomb murals make a unique contribution to the historical development of the world's fine art. Archaeological finds of tomb murals are concentrated in China, Egypt and Mexico. Tomb murals from ancient Egypt are older than those from ancient China. They flourished most of the time of the pharaohs (3050 BC—30 BC), and declined when Egypt came under Greek and Roman rule. Mexican tomb murals developed later than their Chinese counterparts, but their development was interrupted by Western colonialists. In contrast, tomb mural paintings began to appear in China during the Western Han Dynasty and continued to be drawn into the Qing Dynasty. People of all walks of life from emperors and kings to commoners were enthusiastically involved in tomb mural related funeral activities. Chinese tomb murals enjoy wide distribution and historical continuity. As the purer form of native Chinese art, they are of matchless value in the treasures of art in the world. And of course, they are a peak of Chinese art on the Silk Road.

March 2017
Jiulonghu Campus, Southeast University
Nanjing, China

目 录

前言
Preface

第一章　引论　　　　　　　　　　　　　　　　　　　　1
　第一节　丝绸之路的命名与传说　　　　　　　　　　　2
　　一、丝绸之路的命名由来　　　　　　　　　　　　　2
　　二、丝绸之路上神秘而美好的传说　　　　　　　　　3
　第二节　基本概念的界定　　　　　　　　　　　　　　9
　　一、时间维度的界定　　　　　　　　　　　　　　　9
　　二、地域维度的界定　　　　　　　　　　　　　　　12
　　三、发展阶段维度的界定　　　　　　　　　　　　　15
　　四、墓室壁画表现的丝绸之路影响　　　　　　　　　17
　第三节　重生信仰的图像表现　　　　　　　　　　　　27
　第四节　墓室壁画的文化意义　　　　　　　　　　　　43

第二章　丝绸之路西部墓室壁画　　　　　　　　　　　　53
　第一节　西部墓室壁画遗存面貌　　　　　　　　　　　54
　　一、甘肃墓室壁画遗存　　　　　　　　　　　　　　54
　　二、新疆墓室壁画遗存　　　　　　　　　　　　　　60
　　三、宁夏和青海墓室壁画遗存　　　　　　　　　　　62
　第二节　西部墓室壁画艺术特征　　　　　　　　　　　66
　　一、河西地区图像体系　　　　　　　　　　　　　　66
　　二、西域地区图像体系　　　　　　　　　　　　　　81

第三章　丝绸之路中部墓室壁画　　90

第一节　中部墓室壁画遗存面貌　　91
　　一、陕西墓室壁画遗存　　91
　　二、河南墓室壁画遗存　　96
　　三、山西墓室壁画遗存　　110

第二节　中部墓室壁画艺术特征　　121
　　一、中央集权意志突出主流图像特征　　121
　　二、政治中心带来丰富的主流图像　　124

第四章　丝绸之路东部墓室壁画　　128

第一节　东部墓室壁画遗存面貌　　129
　　一、山东墓室壁画遗存　　129
　　二、江苏墓室壁画遗存　　133
　　三、浙江、福建、广东墓室壁画遗存　　143

第二节　东部墓室壁画艺术特征　　152
　　一、南北互补的地理特征　　153
　　二、砖石墓为主的墓葬形制　　153
　　三、南朝帝陵的贡献和隋唐"南朝化"的讨论　　155

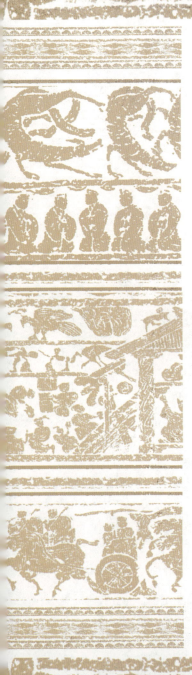

第五章　丝绸之路的文化交流图像　　161

第一节　本土文化图像的影响　　162
一、重生图像　　162
二、依托重生信仰传播的佛教图像　　164
三、本土神话图像　　168
四、本土化飞天图像　　170
五、中原艺术影响的图像　　171

第二节　外来文化图像的影响　　175
一、佛教图像　　175
二、胡人图像　　180
三、粟特人图像　　185

第六章　中国和埃及、墨西哥墓室壁画的比较　　188

第一节　中国和埃及墓室壁画的比较　　190
第二节　中国和墨西哥墓室壁画的比较　　203

第一章 引论

丝绸之路的文化研究早已成为中外学术界的显学，其中的宗教美术研究又成为显学中的显学，相关成果汗牛充栋。在丝绸之路的宗教美术研究中，学者们主要讨论佛教东渐的影响、佛教本土化形成的影响，以及中原佛教回溯的影响。但是，丝绸之路上其他宗教美术的研究领域则缺少整体性的关注，墓室壁画即是这样的领域。中国境内的丝绸之路上，壁画墓遗存丰富，洛阳、西安、嘉峪关、吐鲁番等地都是壁画墓遗存的重要分布地，同时在历史上又是地域文化特征突出的地区。因此，在丝绸之路整体梳理的语境下来认识这些墓室壁画的艺术成就，这是一个非常美丽的中国故事。

第一节　丝绸之路的命名与传说

丝绸之路闻名天下与东西文化交流的历史使命直接相关，除了历史的严肃任务之外，丝绸之路还有着神秘而美好的传说。

一、丝绸之路的命名由来

丝绸之路的官方开通时间，史书明确记载的开端是汉武帝时期。汉武帝后的两千多年里，在这条传奇之路上年复一年的南来北往者，不论是什么身份，不论是来自于东方还是西方，彼此都没有注意到这条路的名字，甚至也没有人意识到这一点。也许在他们心中，这就是一条普通的商道而已，是一条司空见惯的商贸之道。历史的答案出乎意料，他们周而复始行走于其上的商道不仅仅是一条商贸大道，而且竟然是一条影响了世界历史发展、东西方文明交流的通衢大道——丝绸之路。

丝绸之路作为正式的名称出现是在19世纪晚期。1877年，德国地理学家李希霍芬在他所写的《中国》一书中，首次把两汉时期中国和中亚南部、西部以及印度之间以丝绸贸易为主的交通路线称作"丝绸之路"。之后，德国历史学家赫尔曼在其《中国和叙利亚之间的古代丝绸之路》一书中，进一步把丝绸之路的终点延伸到地中海西岸和小亚细亚，认为它是中国古代经由中亚通往南亚、西亚以及欧洲、北非的陆上贸易交往的通道。赫尔曼认为，古罗马时期贵族们对这种来自远方的薄如蝉翼又柔滑如水的丝织品是如此喜爱，进而不遗余力地推广，使得大量的中国丝绸和丝织品经由这条商道西传，故而他把这条商道称为"丝绸之路"，或简称"丝路"。丝绸之路的命名，不仅富有浪漫色彩，而且也有着深厚的历史积淀。

世界文明发展史上，中国是最早开始种桑、养蚕和生产丝织品的国家。传说黄帝的妻子嫘祖最早发明了缫丝技术，这是中国丝绸史的开端。从这个神话开始，中国养蚕的历史已经有了四千多年。神话之外，考古发掘成果证实了中国养蚕缫丝的历史可能还要久远，在距今将近五千年的良渚文化时代，太湖地区就出现了绢和丝带、丝线等丝织品。史书记载，商汤的大臣伊尹就曾经用丝织品和夏桀交换了一百钟粟，这说明商周至战国时期，丝绸的生产技术已经发展到相当高的水平。迄今为止，丝织品仍然是中国奉献给世界人民的重要成果之一。中国丝绸流传广远，以"丝绸"命名这条东西文化交流的大道，形象而准确，名副其实。

二、丝绸之路上神秘而美好的传说

丝绸之路在西方世界有着许多神秘的传说。传说，罗马人第一次遇到丝绸是在公元前 53 年。罗马将军克拉苏率领七个军团，越过幼发拉底河，发动了对帕提亚的战争，随之与从安息国赶来的波斯人交战。双方激战正酣的时候，波斯军队突然展开了自己的丝绸军旗。两军阵前，波斯军队这边军旗猎猎，眩目夺人。罗马军队被这种从没有见过的灿烂军旗惊呆了，大败而归，克拉苏羞愤之下拔剑自刎。克拉苏与庞贝、凯撒并列罗马三杰，一代名将竟命丧丝绸之手，也算是东西方文明碰撞中的一次奇遇。罗马人很快就了解到这种轻飘如云、透明似冰的织物叫丝绸，掌握丝绸生产的是来自遥远的中亚、西亚另一边叫"赛里丝"的神秘的东方民族。公元 1 世纪的罗马博物学家老普林尼在《博物志》中说："（赛里斯）林中产丝，驰名宇内。丝生于树叶上，取出，湿之以水，理之成丝。后织成锦绣文绮，贩运到罗马。富豪贵族之妇女，裁成衣服，光辉夺目。"①

丝绸在中国，传说更加丰富，其中最突出的是嫘祖。在中国的神话传说中，嫘祖赫赫有名，她是黄帝的妃子，更重要的是她发明了养蚕，是我国传说中的蚕神。

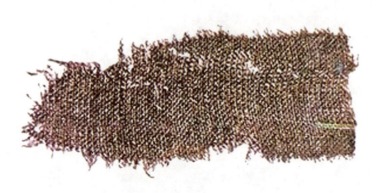

图1-1　浙江湖州钱三漾出土的绢片 距今4 750年
（采自 https：//image. baidu. com）

发现野蚕，然后饲养家蚕，最后创造丝织品，我国的神话传说将这些功劳记录在嫘祖名下。传说中，嫘祖有许多异名，如累祖、雷祖、罗祖和西陵女等等。西陵女这一名字与地域有关，有传说嫘祖出生在西陵。因为嫘祖代表着丝绸文化，所以但凡是与早期丝绸有联系的地方，都可能是嫘祖的故乡。据考古发现，我国东南地区四五千年以前已经有了养蚕、抽丝和织绢的活动。浙江湖州钱三漾出土的绢片（图1-1）距今4 750年，是长江流域发现最早和最完整的丝织品。河南荥阳青台村出土的罗织物距今5 630年，是黄河流域发现最早的丝织品。从丝织品的使用看，这两地都可以称为"世界丝绸之源"。此外，吴江梅堰出土有蚕纹样黑陶器，河姆渡遗址出土有刻有四条家蚕的牙雕小盅，于是又有了嫘祖故乡在苏州、在宜昌、在盐亭的种种说法。这其中，盐亭和宜昌的可能性比较大。

盐亭位于四川绵阳境内，在当地方言里"盐亭"与"西陵"的读音很相近。此地与

---

① 参见阮荣春主编：《丝绸之路与石窟艺术：西域梵影》（第一卷），辽宁美术出版社，2004年，第3-5页。

陕西的黄陵县,即传说中的黄帝活动中心黄帝陵相距不远,而且史书中也有关于黄帝与古蜀国长期联姻的记载。古蜀国又称"蚕丛国","蜀"从虫,是蚕名,当地现在还有很多蚕文化的文物遗址和传说。《太平御览》和《墉城集仙录》等也有相关记载,说蚕神马头娘是蜀地广汉郡女儿所变,盐亭在古时长期属于广汉郡。宜昌在湖北境内,先秦时属楚地,西陵是宜昌最早的地名,三峡之一的西陵峡也取名于此。宜昌还是优质丝绸产地,当地的"垭丝"闻名海内外,在垭丝产地流传的传说称蚕母娘娘为嫘祖。汉代画像石中,女性身边常有桑树图像,如《秋胡妻图》(图1-2)中,女子身边这棵树有作桑树解释。

嫘祖与黄帝的关系,《山海经》中就已经提到,但说的比较简单。司马迁《史记·五帝本纪》的记载比较系统:"黄帝居轩辕之丘,而娶于西陵之女,是为嫘祖。嫘祖为黄帝正妃,生二子,其后皆有天下。"黄帝在轩辕之丘娶了西陵女嫘祖,是正妃,这可能是政治联姻,表明嫘祖的家族参加了黄帝的联盟。《黄帝内传》记:"黄帝斩蚩尤,蚕神献丝,乃称织维之功。"他们的后代都曾拥有天下,按先后顺序是"玄嚣→昌意→高阳(颛顼)"。这是一个非常显赫的家族。之后,又有传说嫘祖随黄帝南巡,死在衡山,也葬在衡山,墓名叫"先蚕冢"。古籍中正式提到嫘祖与蚕的关系是南宋罗泌的《路史》:"嫘祖……以其始蚕,故又祀先蚕。"因为嫘祖与黄帝的关系,所以后人尊嫘祖以极高的地位,特别是在民间,嫘祖常常享受帝的待遇。(图1-3)

图1-2 秋胡妻图 汉画像石 东汉 出处不祥

蚕神多为女性,但《三教搜神大全》却记载了一位男性蚕神:"青衣神即蚕丛氏也。按传,蚕丛氏初为蜀侯,后称蜀王,尝服青衣巡行郊野,教民蚕事。乡人感其德,因为立祠祀

图1-3 蚕姑宫 潍县年画 当代

图1-4 青衣神《三教搜神大全》明刊本

之。祠庙遍于西土,罔不灵验。俗概呼之曰青衣神。青神县亦以此得名云。"这是一个具有王侯身份的蚕神。使人不解的是,在男权至上的社会里,他的名气和影响竟远在嫘祖之下。难怪诗人李白要在《蜀道难》里感叹:"蚕丛及鱼凫,开国何茫然!尔来四万八千岁,不与秦塞通人烟。"可见,因为蜀地的闭塞,使得中原地区对蜀地青衣神了解不多。(图1-4)

　　蚕神以女性表现,可能和生殖崇拜有关,说明这类神话产生的时间很早。《墨子·明鬼下》记载了当时还存在的男女野合风俗:"宋之有桑林,楚之有云梦也,此男女之所属而观也。"从外形上看,蚕身柔软如女躯,《山海经·海外北经》描写了蚕神据树吐丝的故事:"欧丝之野在反踵东,一女子跪据树欧丝。三桑无枝,在欧丝东,其木长百仞,无枝。"蚕首酷似马头,民间又有了"马头娘"的称呼。《荀子·赋》形容:"此夫身女好而头马首者欤。"《搜神记》记载："旧说，太古之时，有大人远征，家无余人，唯有一女。牡马一匹，女亲养之。穷居幽处，思念其父，乃戏马曰：'尔能为我迎得父还，吾将嫁汝。'马既承此言，乃绝缰而去，径至父所。父见马，惊喜，因取而乘之。马望所自来，悲鸣不已。父曰：'此马无事如此，我家得无有故乎！'亟乘以归。为畜生有非常之情，故厚加刍养。"不过，当这匹马明确表达爱慕和执意要求女子实现自己诺言后，被女父所杀，还剥下了皮扔在庭院暴晒。然而不久，当女父不在家时，马皮突然卷起女子飞了出去。"后经数日，得于大树枝间，女及马皮，尽化为蚕，而绩于树上……因名其树曰桑。桑者，丧也。"不守信用，有恩不报，甚至恩将仇报的内容，显然是在以后的传说中加进去的。后来，"牛郎织女"、"董永"的故事也加了进来，"天帝"、"玉皇大帝"和"王母娘娘"等也与嫘祖有了联系。我国是农业大国，几千年来"男耕女织"一直是主要的生产形式，种桑养蚕、纺线织布是非常重要的经济活动，如此，蚕神具有重要地位也是合情合理。从商周到明清，蚕神始终被列入国家祀典。从这些历史现象和神话故事也可以看出嫘祖作为蚕神所具有的崇高地位和文化意义。

嫘祖如何养蚕、取丝、织锦，神话里没有详细的描写，但在之后的民间传说中却有很多故事。中国的养蚕和缫丝技术传入西方，要到很晚的时期。唐代著名高僧玄奘在其《大唐西域记》中就有过这样的记载：玄奘在公元644年回国途经于阗（今和田）时，听到一则传说，主要情节是于阗王曾娶东国（一本作中国）女为王后，暗中要求新娘将蚕种带来。新娘下嫁时，偷偷把桑蚕的种子藏在帽絮中，骗过了关防，把养蚕制丝的方法传到了于阗。从此以后，于阗"桑树连荫"，可以自制丝绸了，于阗国王为此专门建立了麻射僧伽蓝。至于更远的西方世界，是直到6世纪东罗马查士丁尼大帝时，才由印度人（一说波斯人）从塔里木盆地的西域王国那里，用空竹杖偷运走私蚕种，辗转送到拜占庭，时间大约是在公元550年或551年。自此，养蚕业就扩展到东罗马的领地，在西方世界扎下了根① （图1-5、图1-6）。

---

① 参见汪小洋、吕少卿：《古神化引——古代神话人物卷》，花城出版社，2009年，第53-60页。

图1-5　采桑图　甘肃省高台县骆驼城苦水口1号墓　魏晋
（采自徐光冀主编《中国出土壁画全集9》，科学出版社2012年）

图1-6　采桑与护桑图　甘肃嘉峪关魏晋6号墓　魏晋
（采自胡之主编《甘肃嘉峪关魏晋六号墓彩绘砖》，重庆出版社2000年）

质言之，丝绸之路的命名和神秘而美好的传说，体现了东西文明交流的两千多年历史，同时也体现了中国丝绸以及华夏文化给世界文化所带来的影响和魅力。夏鼐认为："丝绸之路或许是中国对于世界物质文化最大的一项贡献。"[1] 丝绸之路，名至实归。

第二节 基本概念的界定

丝绸之路是一个地跨东西南北数万里、逾时中外数千年的文化现象，体量十分巨大，因此需要首先梳理一些基本概念。

一、时间维度的界定

历史上的丝绸之路有两条，一条是陆上丝绸之路，一条是海上丝绸之路。两条道路何时开通？学术界已经有了许多研究成果。

关于陆上的丝绸之路，这是一条非常古老的商贸大道。这条大道上，如果以丝绸为商贸对象，汉以前中国的丝绸就已经输入到了印度[2]。如果以玉石为商贸对象，那时间则更早，大约在距今四千年前就开始有了西玉东输路径，自北而南至少有草原道、河西走廊道、青海道三条主干线。[3]

丝绸之路的形成与中原文化的传播有关，最早的表现是中原地区与西域之间的交通往来。中原地区与西域之间的交往历史非常悠久，这可以从传说、考古和文献等各个方面得到证明。《穆天子传》中就记载了周穆王西游的传说，说周穆王率众西行到了昆仑山，并在茫茫大山的一个山洞里见到了西王母，由此而引出一段瑶池之会的佳话。后

---

[1] 夏鼐：《中国文明的起源》，文物出版社，1985年，第48页。
[2] 季羡林：《中国蚕丝输入印度问题的初步研究》，《历史研究》1955年第4期。
[3] 参见叶舒宪、唐启翠：《玉石之路》，《人文杂志》2015年第8期。

来，周穆王命人在"弇山"勒石以纪念他的这次不失浪漫的西域之旅。传说未必可信，但考古材料证实，中原地区可能在商代就已经和西域发生过交往和联系，因为在商代的墓葬中就可以见到不少产于新疆地区的白玉。这一观点已为现在的学术界所认可。相对于传说和考古的材料，正史中记载的中原和西域之间的交往相当晚，约晚至西汉汉武帝时期。所以，有学者将陆上丝绸之路的时间向前推进到张骞出使西域之前。他们认为："从目前的考古资料来看，大概是在公元前13世纪，出现了从中原地区出河西走廊进入西域的交通路线，这就意味着，陆上丝绸之路东段路线开始形成。我们可以将这个时间视为陆上丝绸之路最初出现的时间。此后，这条道路不断向西方延伸。张骞成功出使西域，标志着陆上丝绸之路的'全线贯通'。"① （图1-7）

图1-7　周穆王见西王母图 陕西绥德汉墓门楣画像 东汉
（采自汤池主编《中国画像石全集5》，山东美术出版社2000年）

我们认为，稳定的、能够对东西文化交流产生延续影响的丝绸之路还是出现在汉代。丝绸之路被史书记载的时间是汉武帝时期，最初的目的是为了边疆的军事需要。为寻找打击匈奴的军事联盟，汉武帝两次派遣张骞出使西域，史称"凿空"。司马迁《史记·大宛列传》记："于是西北国始通于汉矣。然张骞凿空，其后使往者皆称博望侯，以为质于

---

① 参见龚缨晏：《关于古代"海上丝绸之路"的几个问题》，《海交史研究》2014年第2期。

国外，外国由此信之。"裴骃《史记集解》记："苏林曰：凿，开；空，通也。骞开通西域道。"自此，陆上丝绸之路正式形成。汉以下各代，或政局动荡，或战乱破坏，使丝绸之路多有中断，但不久又可恢复，丝绸之路可谓是贯通于整个封建社会。

关于海上丝绸之路，时间上与陆上丝绸之路相近。有学者认为：海上丝绸之路南海航线形成于秦汉之际，即公元前200年左右。岭南地区所发现的南越国（前203—前111）时期的象牙、香料等舶来品就是明证。海上丝绸之路东海航线出现的时间大体上与此相同，而此前中国与日本之间的海上联系即使存在的话，也是自中国至日本"单方向的"，"无组织的"，而且"航海的性质大多为自然漂航"，根本不存在着相对固定的海上航线，更没有被人们所自觉地认识到。①

丝绸之路是中原地区与其他地区和国家进行交流的道路，其开通的需要和稳定、繁荣等发展所需的条件，都与中原地区政权的强大相关。从这一点看，丝绸之路开通于秦汉之际的时间是可以被认可的观点。

就墓室壁画而言，丝绸之路上的壁画墓也是出现于西汉时期。从目前的考古成果看，西汉前墓葬形制为深埋密封的竖穴墓，墓室中没有墓室壁画的存在空间。西汉，横穴墓形制开始流行，墓室中有了比较大的空间，墓室壁画开始出现，并因为汉人的重生信仰而很快流行。因此，墓室壁画在丝绸之路上的开始时间也为西汉时期。另一方面，壁画墓一直到清代仍然有考古发掘成果，所以墓室壁画的时间下限为清代，这说明墓室壁画是一个贯通于整个封建社会的文化现象。陆上丝绸之路上的甘肃、陕西、河南、山东等地都是我国壁画墓遗存的集中分布地区；海上丝绸之路也有着壁画墓的重要发现，广州南越王壁画墓中就发掘出来自波斯的银盒、非洲大象牙、漆盒、熏炉和深蓝色玻璃片等，留下了南越国时期广州与波斯和非洲东岸进行海上贸易的痕迹（图1-8）。

质言之，自西汉至明清，墓室壁画与丝绸之路是同一时间形成并共同发展的文化现

---

① 参见龚缨晏：《关于古代"海上丝绸之路"的几个问题》，《海交史研究》2014年第2期。

象，墓室壁画应当是丝绸之路上的一个非常有意义的文化现象。

二、地域维度的界定

丝绸之路的地域界定在学术层面上应当有三个方向：联合国世界遗产名录的丝绸之路地域、传统的丝绸之路地域，以及主干道的丝绸之路地域。

1. 世界遗产名录的丝绸之路

2014年，第38届世界遗产大会同意中国与吉尔吉斯斯坦、哈萨克斯坦联合提交的丝绸之路申请项目入选《世界遗产名录》。申遗成功后，世遗委员会建议将其命名为"丝绸之路：长安-天山廊道的路网"。这条路全长约8 700公里，包括各类共33

图1-8 角形玉杯 广州南越王墓出土 西汉
（采自王靖宪主编《中国美术全集44·工艺美术编·玉器》，人民美术出版社2006年）

处遗迹。其中，中国境内有22处考古遗址、古建筑等遗迹，包括河南省4处、陕西省7处、甘肃省5处、新疆维吾尔自治区6处。

2. 传统的丝绸之路

国内学术界一般将丝绸之路划分为四条，大致如下：其一，草原丝绸之路，指横贯欧亚大陆北方草原地带的交通路；其二，绿洲丝绸之路，也有人称作沙漠之路，指经过中亚沙漠地带中片绿洲的道路；其三，海上丝绸之路（图1-9），指经过东南亚、印度，达到波斯湾、红海的南海路；其四，西南丝绸之路（图1-10），指经过四川、贵州、云南、西藏、广西而到印度、东南亚以远的通道①。

3. 主干道的丝绸之路

在传统的丝绸之路中，绿洲丝绸之路和海上丝绸之路的商贸活动最为繁荣，为学术

---

① 周菁：《丝绸之路岩画艺术》，新疆人民出版社，1993年，总序。

第一章 引 论

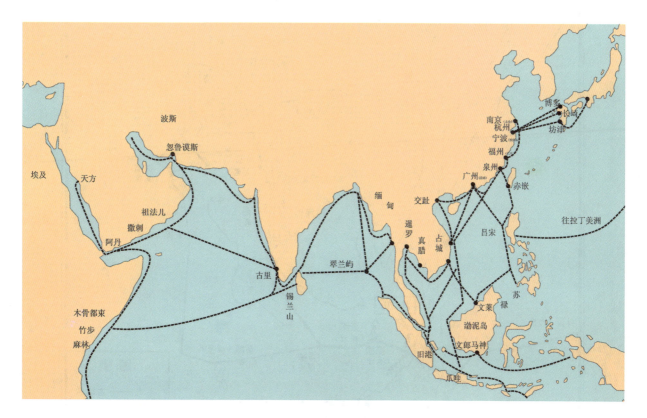

图1-9 明代海上丝绸之路
（采自上海中国航海博物馆）

中国丝绸之路上的墓室壁画

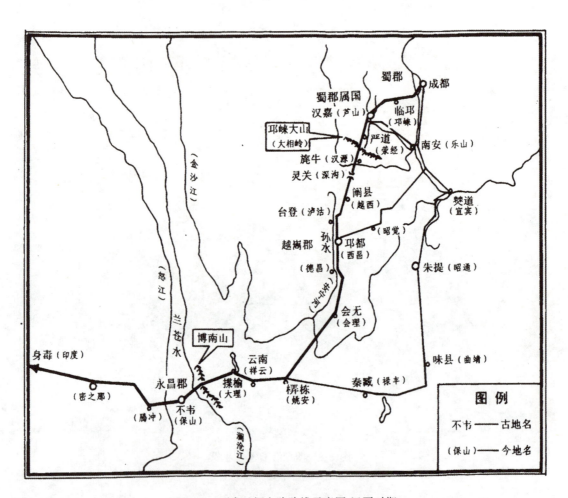

图1-10 西南丝绸之路路线示意图 汉晋时期
(采自罗二虎《汉晋时期的中国"西南丝绸之路"》,《四川大学学报》
(哲学社会科学版) 2000年第1期)

界最为关注，可视为丝绸之路的主干道。绿洲丝绸之路，近年来也多称为陆上丝绸之路，其中又可分为东段、中段和西段三个部分。东段由洛阳、长安出发，经过六盘山（甘肃境内部分称陇山）和黄河，进入河西走廊。中段一般指从玉门关、阳关到帕米尔高原和巴尔喀什湖以东以南地区，即西域地区的路段。西段指出西域后的路段，一般指今天的中亚、南亚、西亚和欧洲的陆上交通路线。① 海上丝绸之路，是指跨越大海的海上航线，它由两大干线组成，一是由中国通往朝鲜半岛及日本列岛的东海航线，二是由中国通往东南亚及印度洋地区的南海航线。

就墓室壁画而言，陆上丝绸之路与海上丝绸之路都是壁画墓遗存的集中分布地，陆上丝绸之路中的河南、陕西、甘肃、宁夏、青海、新疆等省，海上丝绸之路中的山东、江苏、浙江、福建、广东等省，都是或数量颇多，或特色突出的壁画墓大省。

质言之，陆上丝绸之路与海上丝绸之路有着共同繁荣的走向，同时也说明墓室壁画与丝绸之路是同一空间繁荣的文化现象，我们描述丝绸之路上的墓室壁画显然是一个非常有意义的课题。(图 1-11)

三、发展阶段维度的界定

丝绸之路墓室壁画的发展阶段应当考虑两个因素，一是丝绸之路本身的发展，一是中国墓室壁画的本身发展。

首先，关于丝绸之路本身的发展。这方面的认识，一般都是从各代王朝的兴盛衰败来描述的，或直接以王朝的更迭来划分阶段。从王朝兴盛衰败角度看，学术界比较关心的是汉唐的强大国力，以及元代开始的海上丝绸之路的日趋繁荣。因为丝绸之路是商贸大道，汉帝国借助强大国力而凿空，之后历代发展都与中原王朝的努力相关，所以借助

---

① 参见王睿颖：《丝路学》，卞孝萱、胡阿祥、刘进宝主编：《新国学三十讲》，凤凰出版社，2011年，第564-567页。笔者补充洛阳为出发点，学术界已有这样的观点。

图 1-11　胡人牵骆驼图　河南洛阳唐安国相王孺人唐氏墓　公元 706 年
（采自徐光冀主编《中国出土壁画全集 5》，科学出版社 2012 年）

国力的强盛而划分兴盛衰败的解释是合理的。

有学者从经济角度来划分：秦汉丝绸之路的开拓与丝路贸易的兴起，魏晋南北朝社会大变动中丝绸之路及其贸易的发展变化，隋唐丝绸之路及其贸易的繁荣鼎盛，宋元时期丝路贸易的新局面和新形势，明清时期丝路贸易的演变与衰落。[①] 这一观点也是立足于王朝更迭，可以为我们借用。

其次，关于中国墓室壁画的发展。我们从墓室壁画的宗教信仰发展、图像表现体系等维度出发，将中国墓室壁画的发展划分为三个发展时期：第一个时期，神秘化的兴盛

---

① 参见李明伟主编：《丝绸之路贸易史》，甘肃人民出版社，1997 年，目录页。

期，时间为汉魏晋南北朝时期，图像体系的总体特征是有一个完整的重生图像结构；第二个时期，世俗化的繁荣期，时间为隋唐宋辽金元时期，图像体系的总体特征是有一个非完整的重生图像结构；第三个时期，程式化的衰退期，时间为明清时期，这个时期遗存很少，已经很少有体系上的研究意义。三个阶段的界定，可以突出墓室壁画的发展特征，同时也可以从图像体系的发展说明我国宗教发展的一些相关规律。① 从这三阶段的划分看，许多内容是与各代王朝的兴盛衰败有高度相关性，这一点与商贸发展阶段的内容重叠，说明这样的阶段划分是合理的。

质言之，结合丝绸之路自身的发展和中国墓室壁画的相关发展，我们认为丝绸之路墓室壁画的发展演变可以划分为三个阶段：汉魏晋南北朝时期，隋唐宋辽金元时期，明清时期。

四、墓室壁画表现的丝绸之路影响

丝绸之路的影响是多方面的，从墓室壁画的画面维度考量，我们有以下三个方面的归纳：

1. 民族融合的通衢大道

丝绸之路上的文化交流内容广泛，除东西方之间的物质交流之外，其历史上还曾经是中华各民族融合的一个通衢大道。在这条大道的漫长岁月中，许多民族在此生生息息，他们之间有过战争，但更多的是和平，在多元文化的交融中为中华民族的发展作出特别的贡献。丝绸之路，是一条名副其实的民族融合的大道，这一点在汉唐时期最为突出。汉代，此地除有汉族外还有匈奴人、塞人、大月氏、大夏人、帕提亚人、塞流古人、罗马人等；唐代，此地除有汉族外还有吐蕃人（藏族）、回鹘人、白匈奴人、突厥人、粟特人、安息人、阿拉伯人、东罗马人、伦巴第人等，民族大家庭其乐

---

① 参见汪小洋：《中国墓室壁画的图像体系讨论》，《民族艺术》2014 年第 2 期。

融融。

民族融合的繁荣直接与中原政权的强大相关，这其中有军事的强大，也有文化的强大，丝绸之路上的民族融合可以充分体现这一点。比如，秦汉时期的各种"胡人"，唐宋时代的突厥人、回鹘人，元代的波斯人等，都曾经在历史上留下了浓墨重彩。这样，陆上丝绸之路就成了众多民族交融的大熔炉，并且形成了色彩斑斓的民族文化（图1-12、图1-13）。①

图1-12　胡人宴饮图（局部）新疆维吾尔若羌县楼兰古城北 LE 古城壁画墓　西晋
（采自徐光冀主编《中国出土壁画全集9》，科学出版社2012年）

---

① 参见龚缨晏：《关于古代"海上丝绸之路"的几个问题》，《海交史研究》2014年第2期。

图 1-13　胡人备马图 陕西礼泉韦贵妃墓 公元 667 年
（采自徐光冀主编《中国出土壁画全集 6》，科学出版社 2012 年）

其中，粟特人在丝绸之路的民族融合史上是一个特别的民族，在东西方交流中起到了极其重要的作用。粟特人，在中国古代史籍中也叫"昭武九姓"、"九姓胡"，或简称"胡"。他们的故乡在中亚阿姆河和锡尔河之间的粟特地区，以撒马尔干（在今乌兹别克斯坦境内）为中心，有九个绿洲王国，包括康、安、曹、石、史、米等。粟特人大多以经商为业，他们组成商团，成群结队往返于东西之间从事贸易，有许多人逐渐在经商之地留居下来。从现有材料看，从南北朝到唐朝，沿丝绸之路上的于阗、楼兰、龟兹（库车）、高昌（吐鲁番）、敦煌、酒泉、张掖、武威和长安、洛阳等许多城镇，都有粟特人的足迹。他们的后裔慢慢汉化，但他们的外表还是深目高鼻，在唐朝的很多艺术作品上都留有他们的形象。粟特人的影响不仅表现在商业上,还涉及中原王朝的政治生活。历史上,曾有不少粟特人或正面或负面地影响过历史进程,比如武威安氏,曾经帮助唐朝平定凉州李轨的割据势力,后被唐朝皇帝赐姓为李。(图1-14)

2. 多元宗教和佛教艺术

在丝绸之路文化交流中,多元宗教是一个突出的文化特征,历史上有许多宗教信仰在这里传播。这些宗教信仰中,佛教和伊斯兰教的影响最大,此外还有祆教、摩尼教和景教等宗教也在这里传播并留下踪迹(图1-15)。

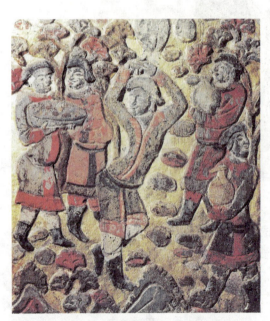

图1-14 粟特人舞蹈图 西安北周安伽墓 北周
(采自陕西省考古研究所《西安北周安伽墓》,
文物出版社2003年)

图1-15 摩尼教书籍残片 吐鲁番出土 唐代
(采自〔美〕芮乐伟·韩森《丝绸之路新史》,
北京联合出版公司2015年)

第一章 引　论

多元宗教带来了丰富的宗教文化积淀，这其中以佛教艺术的繁荣最为突出，我国佛教的四大石窟都位于丝绸之路沿线上。从历史发展看，西域龟兹国是一个非常重要的佛教艺术中心。

佛教通过丝绸之路传入西域的主要线路有两条，依靠塔里木盆地南北两侧的沙漠绿洲连接交通而形成，也就是丝绸之路的南北两道。南道自天竺迦湿弥罗传入于阗，然后经过疏勒、莎车、皮山、且末、楼兰（鄯善）等地到达敦煌，其间包括拘弥、精绝等小国。南线以人口最多、经济最发达的于阗为中心。北道从大月氏（今阿姆河流域一带）入姑墨（阿克苏）、温宿（乌什）、尉头、龟兹、焉耆、高昌、北庭（西汉时高昌与北庭共为车师国）、哈密等地到达敦煌。北线以人口最多、经济最发达的龟兹为中心（图1-16、图1-17）。

图1-16　克孜尔石窟谷西区洞窟群外景

（采自宿白主编《中国美术全集·绘画编16·新疆石窟壁画》，文物出版社1988年）

图 1-17 克孜尔尕哈石窟外景
（采自王卫东《克孜尔尕哈石窟内容总录》，文物出版社 2009 年）

佛教在龟兹传播后，中原王朝的官员和商人通过丝绸之路得到初步了解，他们自然是感到非常新奇。传说，龟兹高僧博学高才，受到人们的尊敬，国王每每有重要决议，都要请教，然后再公布实行，外国的学者也来到这里向他们请教和相互交流。之后，佛教通过丝绸之路传入中原，这时龟兹成为中原与印度等进行佛教文化交流的一个重要枢纽，人们对当地的佛教传播也有了更多的了解，"贵浮图法""尤重佛法"的提法不断在史书中出现，对龟兹的佛教之盛也有极其深刻的印象。《大唐西域记》记载，龟兹的寺院规模极大，有伽蓝百余所，僧徒五千多人。高大的立佛像有九十多尺高，装饰极为华丽，"殆越人工"，让人叹为观止。去过龟兹的僧人有时还会记下一些当地的故事传说，《悟空入竺记》就写了一个很好听的故事，说龟兹境内有座山，叫耶婆瑟鸡山。书中娓娓道来："此山有水滴溜成音，每岁一时采以为曲，故有耶婆瑟鸡寺。"构成了一个多么美丽的传说。

龟兹在回鹘时期，佛教事业仍然保持着兴盛的局面。回鹘原来是信奉摩尼教的，公元9世纪西迁进入佛教流行地区后，很快与当地信仰友好接触，许多回鹘人改信了佛教。敦煌发现的经文中就有将信奉摩尼教的回鹘汗王作为化身菩萨，相国作为护法天王，两教的友好关系可见一斑。从《宋会要辑稿》等文献看，龟兹与中原王朝之间频繁的佛事往来一直持续到公元11世纪70年代被中亚穆斯林帝国喀喇汗王朝征服之时。在龟兹地区著名的克孜尔、库木吐拉、森木塞姆和克孜尔尕哈四大石窟中，目前还可以看到许多有回鹘文题记的壁画。

龟兹的佛教文化遗址极为丰富。史书、经书上记载的著名寺院有雀离大寺、阿奢理贰伽蓝、金华寺等，目前这些建筑物基本被毁坏，只留下了轮廓性的遗址。这其中，外国冒险家的活动曾造成了极大的破坏。四大石窟中，克孜尔石窟规模最大，其风格独特、绘制精美、内容丰富的壁画为世界瞩目，可以和敦煌石窟媲美，进入中国六大石窟之列。

与其他佛教艺术遗存一样，龟兹石窟壁画的飞天图像有着引人注目的贡献。飞天图像出自印度佛教艺术，传入我国后，经过西域艺术家脱胎换骨的改造，飞天身后的翅膀没有了，取而代之的是缠绕周身、随风飘舞的彩带。这样，西域飞天就有了一个艺术表现上的飞跃。之后，随着中原画风的浸润，西域艺术家对飞天形象再度进行新的描绘，使其体态轻盈，神情飘逸，线条流畅，完成了一个东西审美融合的演变。这些变化，在龟兹石窟中都有体现。克孜尔尕哈石窟30号窟后室穹形顶中，有两条长方形的画格，每格各绘出四躯飞天，头上束发戴宝冠，有的光着上身，有的着短衫袒露右臂。她们飞行姿势都是上身仰起，下身挺直，但是双脚的摆法形式有多种：有犍陀罗式的上身半裸，双脚并列翘起，披带从双肩绕过，露肚脐，在空中作飞行状；有笈多式的一足伸出，一足弯曲而飞扬上天；有龟兹本地的双脚相交，稍稍分开，有了更加世俗化的体态。龟兹石窟壁画中，这三种代表不同文化的飞天竟绘在同一画面上，可以看出多种文化模式混合共居的现象①（图1-18）。

---

① 参见阮荣春主编：《丝绸之路与石窟艺术：西域梵影》（第一卷），辽宁美术出版社，2004年，第6页。

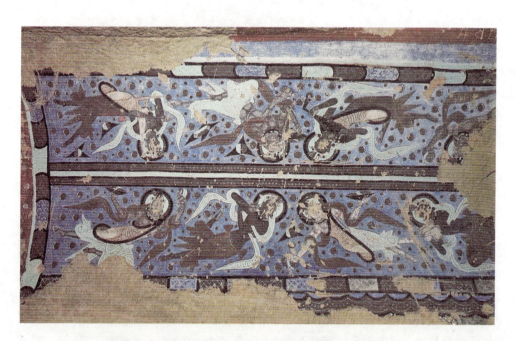

图 1-18　克孜尔尕哈石窟第 30 号窟后室顶部壁画飞天
（采自王卫东《克孜尔尕哈石窟内容总录》，文物出版社 2009 年）

3. 物质文化交流

物质文化的交流总是双向的，中国人民奉献给西方世界以精美绝伦的丝绸，欧洲和中亚各国人民也同样向东方的中国奉献了西方的物质文明，特别是各种动植物和日常生活用品。我们今天所常见的一些动植物，并非都是中国的本地物种，而是通过丝绸之路传入中国的。中国古代文献中记载的一批带有"胡"字的植物，如胡桃、胡瓜、胡葱、胡荽、胡椒、胡桐木、胡萝卜等等，大多数是来自西方。古代文献中往往把这些植物移植到中国的功劳，归于第一位中西交通的伟大使者——张骞。实际上，现在可以明确张骞带回来的物产只有苜蓿和葡萄，前者原产伊朗高原西北的米底亚，后者是西亚和埃及最早人工栽培的一种植物。原产于中亚的狮子，也是通过这条丝绸之路来到中国，后来成了中国建筑物中最为常见的装饰形象，象征着吉祥和威严。西汉以来，东来的不仅仅有动植物，还有罗马的玻璃器和西域的乐舞、杂技等。史书记载，到东汉末年时，公元167—189年在位的汉灵帝，"好胡服、胡帐、胡床、胡坐、胡饭、胡箜篌、胡笛、胡舞，京都贵戚皆竟为之"（《续汉书·五行志》）。

在当时的中原，西方的"胡器"和在西方的中国丝绸一样，受到了上流社会的普遍欢迎，这在史书和古代文学作品里有很多的记载。在龟兹石窟的遗存中表现得也非常突出。据对克孜尔壁画中伎乐形象的统计，有18种乐器在画面里出现。根据有关史料和乐理的整理，这些乐器大致可以分出三个大类：

图 1-19　克孜尔第 8 号窟伎乐飞天
（采自王卫东《中国美术全集·绘画编 16·新疆石窟壁画》，文物出版社 1988 年）

第一大类是弦鸣乐器，有竖箜篌、弓型箜篌、曲项琵琶、五弦琵琶、直项阮咸、曲项阮咸；

第二大类是吹奏乐器，有筚篥、横笛、排箫、贝；

第三大类是打击乐器，有大鼓、羯鼓、腰鼓、答腊鼓、毛员鼓、都昙鼓、鸡娄鼓、铜钹（图1-19、图1-20）。

图1-20　克孜尔第38号窟伎乐

（采自王靖宪主编《中国美术全集·绘画编16·新疆石窟壁画》，文物出版社1988年）

第三节　重生信仰的图像表现

说起中国丝绸之路上的艺术品遗存，人们一般会想到精美的壁画，但是人们的关注和已有研究成果基本上是集中在佛教石窟壁画上，新疆的拜城克孜尔石窟壁画、甘肃的敦煌莫高窟壁画、天水麦积山石窟壁画等，都是人们熟悉的石窟壁画遗存。其实，丝绸之路上还有大量的墓室壁画遗存。与石窟壁画相比较，人们对墓室壁画的关注度远远不够，因此墓室壁画所表现的宗教信仰也没有系统的研究。墓室壁画是墓葬建设者为墓主人到另一个世界去准备的，正是在这一信仰的指导下，我们的各代祖先建造了数量巨大、表现精美的墓室壁画。那么，墓室壁画创作活动中体现的是什么信仰体验呢？我们认为是重生信仰。

重生信仰是一个指导墓葬活动进行的信仰体系，其宗教观念是提出生死转化的可能性，这是一个围绕于墓葬建筑而对生命进入另一个世界所进行的特殊解释。在对道教、佛教，以及民间宗教进行比较后，我们有以下认识。

第一，重生信仰有自己的死亡观念。

关于死亡的终极关怀是所有宗教信仰的核心观念，道教、佛教和重生信仰在这方面上表现出了不同面貌。前人已经注意到道佛的区别，所谓"老子主生化，释迦主死化"。① 再看重生信仰，汉人即已明确提出了"死既长生"观念。可见，在不同的宗教观念指导下，三家对死亡有着不同的宗教体验。

道教崇拜神仙，直接否定了关于死亡的宗教体验。道教在长生不老的态度上是非常坚定的，表现出强烈的长生要求。《抱朴子内篇·黄白》引《龟甲文》这样说："我命在

---

① 《三天内解经》，《道藏》，上海书局、天津古籍出版社，1988年，第28册第415页下。

我不在天,还丹成金亿万年。"如何"长生"?道教崇拜神仙信仰:一是建立神仙体系,传授修仙方法。早期的《太平经》描述了一个以天君为最高主宰的神仙世界,《周易参同契》则构建了一个以内丹为主、兼及外丹的修仙结构。二是编造庞大的神仙队伍,提供长生体验,这几乎成为道教历代沿革的传统。早期有托名刘向的《列仙传》二卷,录秦汉神仙71位。之后晋代葛洪的《神仙传》十卷,录仙人84位。至南宋末,道士赵道一的《历世真仙体道通鉴》已收录神仙、道士899位,神仙队伍蔚为壮观。从信仰传播形态看,好生恶死是道教最外在的形态特征,各代道教名家都念念不忘探讨长生不老的可能性。葛洪作《抱朴子内篇》而专言神仙理论,书中自称:"内篇言神仙方药、鬼怪

图1-21　仙人骑虎图　浙江余杭小横山南朝M109墓　南朝
(采自杭州市文物考古研究所《余杭小横山东晋南朝墓》,文物出版社2013年)

变化、养生延年、禳邪却祸之事，属道家。"中唐著名道士吴筠历玄宗、肃宗和代宗三代而影响巨大，他撰写了《神仙可学论》，极力鼓吹向神仙学习："羲、轩已来，广成、赤松、令威、安期之徒，何代不有？远则载于竹帛，近则接于闻见。古今得者，皎皎如彼。神仙可学，炳炳如此。凡百君子，胡不勉哉？"① 神仙崇拜下，死亡成为一种被否定的宗教体验（图1-21～图1-23）。

图1-22　仙人骑龙图　浙江余杭小横山南朝M109墓　南朝
（采自杭州市文物考古研究所《余杭小横山东晋南朝墓》，文物出版社2013年）

---

① 吴筠：《神仙可学论》，宁一子编纂：《道藏精华录》，浙江古籍出版社，1989年影印本。

图 1-23　仙人击钹图 河南登封市黑山沟村北宋李守贵墓 公元 1097 年
（采自徐光冀主编《中国出土壁画全集 5》，科学出版社 2012 年）

　　佛教宣扬轮回，这是一种选择死亡的宗教体验。佛教谈生死，有涅槃理论。关于涅槃，有两个方向的含义：一是超越生死，《杂阿含经·卷一八》说："贪欲永尽，瞋恚永尽，愚痴永尽，一切烦恼永尽，是名涅槃。"一是超越轮回，《长阿含经·卷十六》说："此生已尽，梵行已立，所做已办，不受后有。"涅槃是佛教修习的最高境界，对一般信徒而言更多的体验还是轮回信仰。"因为按照佛教教义，死是可以与再生联系起来的，死亡不过是有情从一个轮回阶位到另一个轮回阶位的转变，而涅槃的根本特点，就是不会再经生死苦难。"① 早期佛教根据善恶罪福的业报法则，提出有情流传在"三界五道"之中。"作善业的生于天、人二'善道'，作恶业的堕于畜牲等'三恶道'。"② 后来"五道"又增加为"六道"，多了欲界。众生不能修行成佛，只能在六道中轮回，佛教因此而提出了因果报应与轮回的对应，给跨越死亡之门的信徒提供了多种选择，死亡也就成为一种对轮回阶位进行选择的宗教体验（图1-24、图1-25）。

图1-24　大足石刻宝顶山第3号龛六道轮回图　南宋
（邓新航拍摄）

---

① 杜继文：《佛教史》，江苏人民出版社，2006年，第19页。
② 杜继文：《佛教史》，江苏人民出版社，2006年，第18页。

图 1-25　礼佛图　河南新密下庄河宋代壁画墓　北宋
（采自徐光冀主编《中国出土壁画全集 5》，科学出版社 2012 年）

　　重生信仰鼓吹生死转化观念，认为生命是可以在生死之间转换的，其终极实在是死亡后的生命存在，所以形成了一种承认死亡的长生体验。重生信仰承认死亡，但同时认为死者在墓葬建筑中可以获得生死转化，并因此而参照与身前相同或相似的生活方式继续生活。重生信仰的基础是上古即已形成的魂魄观念和祖先崇拜，汉代是其一个重要发展阶段，加入了生死转化的长生观念与墓葬建筑等操作方式相结合的内容。王充《论衡·薄葬》中提到了汉代"谓死如生"的现象："是以世俗内持狐疑之议，外闻杜伯之类，又见病且终者，墓中死人，来与相见，故遂信是，谓死如生。闵死独葬，魂孤无副，丘墓闭藏，谷物乏匮，故作偶人，以侍尸柩，多藏食物，以歆精魂。""谓死如生"的观念将生与死作为两个等同的生命形态看待，死亡的过程成为了一个生死转化的过程。

重生信仰与道教最容易在死亡观念上产生混淆，它们都是长生体验，但深层次上有着明显的区别。重生信仰明确提出"死既长生"，期待通过生死转化而将死与生等同起来，墓室壁画的图像体系表现的就是以死论生的长生体验。道教不一样，道教否定死亡，基本上不考虑死亡之后的生命存在。《太平经·冤流灾求奇方诀》说："夫人死者，乃尽灭，尽成灰土，将不复见。今人居天地之间，从天地开辟以来，人人各一生，不得再生也。自有名字为人，人者，乃中和凡物之长也，而尊且贵，与天地相似。今一死，乃终古，穷天毕地，不得复见，自名为人也，不复起行也。"道教虽然也有"重生者，独得道人，死而复生，尸解者耳"这样的说法，但"不得再生"是其长生体验的出发点，因长生而得宠、失败而被杀的道士历代不绝，皆源于能否得到"长寿"。从长生与寿命的关系看，对重生信仰而言，长生不一定长寿，任何年龄的信徒都可以在墓葬建筑中通过生死转化而长生；但对道教而言，长生就是长寿，崇拜神仙就是实践长寿不死。重生信仰以死论生，道教神仙则好生恶死（图1-26、图1-27）。

第二，重生信仰有自己的仪式结构。

重生信仰在仪式方面有许多与道佛重叠的地方，但自己的独立面貌还是清晰可辨的。

其一，仪式的场地不一样。

这是一个非常直观的描述对象。重生信仰的仪式围绕墓葬建筑进行，道教的仪式主要在道观进行，佛教的仪式主要在寺庙进行。就重生信仰而言，在墓葬建筑场地进行的仪式中，可能会有道佛内容，甚至还会有道士、和尚的直接参与，但此时此地的仪式中心是墓主人，这与道观的神仙、寺庙的佛和菩萨是完全不一样的。而且，重生信仰的仪

式场地是家族性质的，宗教体验因此而具有封闭性；道佛的仪式场地则多为公共性质，

图 1-26　启门图　山东章丘双山镇三涧村元墓　元代
（采自徐光冀主编《中国出土壁画全集 4》，
科学出版社 2012 年）

图 1-27　儿童启门图　山西长治市郝家村元墓　元代
（采自徐光冀主编《中国出土壁画全集 2》，
科学出版社 2012 年）

宗教体验是可以用来共享和交流的，因此具有开放性。也因为家族性质，墓葬建筑除了一些基本要素外，并没有统一的形制要求，墓主人的地位高低、经济状况和所处地域等都可以影响到墓葬建筑的形制，与道观、寺庙有明确的统一形制要求比较，显然有所区

别（图1-28）。

图1-28　僧人为墓主人作法图　河南荥阳槐西村宋墓　北宋
（采自徐光冀主编《中国出土壁画全集5》，科学出版社2012年）

其二，仪式的周期性不一样。

仪式是有周期性的。"仪式的周期性之功能也许正在于经常性地向信徒提醒神总是记得而人却容易忘记的那些东西。"① 重生信仰的仪式周期以墓主人的死亡为起点，其功能也局限于墓主人的要求和家人对他能力的期待。比如，汉镜中经常出现的铭文："尚方作竟，明如日月不已，寿如东王公西王母，长宜子孙，位至三公，君宜高官。"② 这样的周期性指向单一，并且呈现出一个逐渐衰减的趋势。道佛的仪式周期性是原先已经存在的，信徒自己的仪式周期可以加入其中，但不会改变原有的周期。道佛仪式的周期性功能除满足信徒宗教体验外，还是一个传播信仰的重要途径，这样的周期性随着个体的加入而越来越丰富，不会出现衰减的迹象。

其三，仪式的意义体系不一样。

因为对死亡的不同态度，重生信仰与道佛在仪式的意义体系上也存在着各自的特征。道教不承认死亡，因此其仪式与长生的具体实践密切相关，所有的长生步骤都可以成为仪式的一部分，仪式是在能否获得长生的种种关系融通中展开，这样的意义体系世俗色彩浓郁。佛教选择死亡，"因果报应"与"三界五道"的关系是其意义体系的结构基础，其中的种种解释和要求最终都是归于佛国世界，这样的意义体系彼岸色彩浓郁。重生信仰承认死亡，同时其终极目标是能够获得生死转化，因此生死转化的路径、转化后的生命形态、与现实世界的比较等构成了仪式的意义体系，这样的意义体系具有此岸与彼岸共同结构的色彩。另一方面，由于至上神的存在，道佛仪式是一元结构的意义体系，所有仪式内容都是在至上神的体系中完成。重生信仰，墓主人期待重生，同时墓主人家人又期待重生的墓主人能够庇荫后代。由于需要完成这两种宗教体验，重生信仰的仪式因此是二元结构的意义体系，既是墓主人生死转化的长生仪式，又是墓主人后代接受庇荫的祖先崇拜仪式（图1-29、图1-30）。

---

① 孙尚扬：《宗教社会学》，北京大学出版社，2003年，第78页。
② 罗振玉编：《古镜图录》三卷，上虞罗氏，1916年影印本。

第一章 引 论

图1-29 亲人送葬图(一) 山西长治北郊西白兔村宋墓 公元1088年
(采自徐光冀主编《中国出土壁画全集2》,科学出版社2012年)

图1-30 亲人送葬图（二） 山西长治北郊西白兔村宋墓 公元1088年
（采自徐光冀主编《中国出土壁画全集2》，科学出版社2012年）

第三，重生信仰也有别于一般性的民间宗教信仰。

重生信仰没有稳定的至上神，没有宗教组织，在传播中还加入了一些民俗性的信仰体验，这些都使重生信仰具有了民间宗教信仰的色彩。不过，重生信仰与一般民间宗教信仰有着明显的区别：首先，民间宗教信仰多为地域性传播，覆盖面小，而重生信仰突破了地域性，可以在一个或几个民族文化圈的大范围内传播。其次，民间宗教信仰的传播往往不稳定，而重生信仰的传播有一个相对固定的形态，历代沿革，稳定发展。再次，民间宗教信仰缺少国家制度上的支持，甚至有时还要遭受打击，而重生信仰因为包含着祖先崇拜、孝道思想、等级观念等内容，有利于主流社会利益的维护，因此可以得到各代政权在制度上的支持。《晋书·索靖传》就记载了这样的墓葬制度："汉天子即位一年而为陵，天下贡赋三分之一，一供宗庙，一供宾客，一充山陵。"如此，重生信仰有了国家制度上的保证。

第四，重生信仰具有儒教性质。

中国传统宗教是儒释道的大结构，重生信仰与佛道有别，那么与儒教或儒学是什么样的关系呢？从重生信仰与儒教的关系看，重生信仰具有儒教的性质。其中有两个关系非常直观：

其一，都有祖先崇拜的观念。祖先崇拜是重生信仰的核心观念，也是儒教的核心观念。儒教"敬祖先"，其外在形式就是对祭祀的格外重视。西汉惠帝时，汉帝国就已经规定宗庙一年二十五祠，三年还有大合祭。这个重视也体现在了汉代的墓葬建筑中。巫鸿认为："汉代的创立者出自民间，他们的祖上从不具有举行宗庙祭祀的特权，坟墓是其崇拜祖先的场所。东汉皇帝进一步把宗庙礼仪移到皇家墓地，甚至在实践中废除了群体性的宗庙。祖先崇拜从宗庙到墓地的转移导致了墓葬礼仪功能和建筑设计的关键性变化……那么正如黄晓芬和其他学者所指出的，汉代墓葬除了棺椁组合外还包括了一个重要的祭祀空间。"[①]

---

① 巫鸿：《黄泉下的美术：宏观中国古代墓葬》，生活·读书·新知三联书店，2010年，第28页。

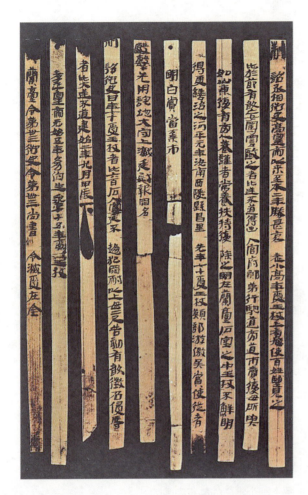

图 1-31 王杖十简 东汉
（采自甘肃省博物馆《中国书法》，2013 年第 7 期）

其二，儒教的孝道和礼制支持墓葬活动。一方面，孝道观念支持墓葬活动。虽然传统儒学反对厚葬，但是其极力强调的孝道却是墓葬活动不可缺少的一个支撑点，汉代尤其如此。汉代用人制度上有了"举孝廉"的选拔体制，从西汉惠帝到东汉顺帝，国家性的褒奖孝悌、赐爵多达 32 次。1959 年在甘肃武威汉墓出土的《王杖十简》（图 1-31）和《王杖诏令册》，被认为是我国现存最早的养老令。正是因为汉王朝将伦理化的孝道加入了政治化的制度内容，汉代的厚葬活动才始终不能被制止。西汉文帝时曾经下诏："当今之世，咸嘉生而恶死，厚葬以破业，重服以伤生，吾甚不取。"（《汉书·文帝纪》）到东汉初年，光武帝又不得不再次下诏："世以厚葬为德，薄终为鄙，至于富者奢僭，贫者单财，法令不能禁，礼义不能止。"（《后汉书·光武帝纪》）厚葬风炽热，墓葬活动自然是热热闹闹。另一方面，儒学的礼制支持墓葬活动。汉以下的礼制材料中，墓葬活动的材料俯拾即是。《唐会要·陵议》记："文德皇后即元宫后，有五重石门，其门外于双栈道上起舍，宫人供养，如平常。"《宋史·真宗本纪》记："仁宗以天书殉葬山陵，呜呼贤哉！"《明史·礼十四》记："棺椁，品官棺用油杉朱漆，椁用土杉。"中原的礼制也影响到少数民族地区，《辽史·太祖本纪下》记："二年八月丁酉，葬太祖皇帝于祖陵，置祖州天城军节度使以奉陵寝。"凡此种种，历代沿革。礼制对墓葬活动的热情，对重生信仰无疑是一种积极的支持。

梳理了重生信仰与儒教的关系之后，重生信仰的儒教性质应当可以基本明确。在我国宗教发展史上，重生信仰与佛教、道教有交叉的内容，但重生信仰的特征是其长生体验，与地下世界紧密联系，生死转化是在墓葬建筑这个载体中进行的，这是一个独特的宗教体验，我们尝试着这样界定：重生信仰是我国传统文化中关于生死转化的一个信仰体系，以魂魄观念和祖先崇拜为核心观念，并包含了礼制、孝道、等级观念等传统文化内容，其终极实在是依托墓葬建筑而完成的生死转化。这是一个"死既长生"的宗教体验，接受儒家的"事死如生"观念，与道佛有别，在汉代形成，汉以下历代沿革，形成了一个相对独立并对儒教有所补充的信仰体系，同时在民间宗教信仰、民风民俗等传统文化中产生了一直延续至今的广泛影响（图1-32、图1-33）。

图1-32 孝子王襄 山西太原焦化厂唐墓 武周
（采自徐光冀主编《中国出土壁画全集2》，科学出版社2012年）

中国丝绸之路上的墓室壁画

图1-33 孝女杨香 山西陵川县附城镇玉泉村金墓 金代
（采自徐光冀主编《中国出土壁画全集2》，科学出版社 2012年）

第一章 引 论

质言之,道教以神仙信仰否定死亡,佛教以轮回信仰选择死亡,重生信仰则以生死转化的要求和可能而承认死亡。①

第四节 墓室壁画的文化意义

中国境内的丝绸之路上,石窟壁画举世闻名,如果我们引入墓室壁画的视野,丝绸之路的艺术宫殿将更加灿烂辉煌。丝绸之路上的墓室壁画有着特征鲜明的四个图像体系,即:两京图像体系,河西图像体系,西域图像体系,以及东部图像体系。其中,河西和西域可以并为西部图像体系。两京图像体系直接为中央集权的皇权特征所覆盖;河西图像体系和西域图像体系体现出宗族文化的特征,这也是中央集权的一种折射;东部图像体系兼有中原皇权特色和沿海地域特色。从艺术史的语境看,丝绸之路墓室壁画的艺术价值主要体现在这样几个方面:

第一,丰富遗存积淀形成的艺术贡献。

在世界艺术发展史上,中国墓葬绘画分布广泛、数量巨大,且延绵数个朝代,这个艺术现象是独一无二的。这样的认识是建立于我国壁画墓有着巨大的遗存数量,而其中丝绸之路上的壁画墓做出了突出贡献。丝绸之路上的壁画墓不仅数量多,而且也是墓室壁画发展的重镇之地,规格高,规模大,风格多样,影响巨大,历史上的"洛阳模式"、"京畿模式"都是发生在这一地区。此外,丝绸之路上的壁画墓在每个阶段都做出巨大贡献,特别是墓室壁画发展的前期,即两汉、魏晋南北朝和唐代时期,丝绸之路上的贡献最大。两汉时期,壁画墓的两个集中地洛阳和长安都在丝绸之路上。魏晋南北朝时期,河西地区贡献了一大批风格突出的彩绘画像砖墓。李唐时期,关中地区的壁画墓占

---

① 以上参见汪小洋:《中国墓室壁画的重生信仰讨论》,《民族艺术》2014年第1期。

到了全国壁画墓的80%；同一时期，吐鲁番阿斯塔那地区、固原地区贡献了一批风格迥异的棺板画墓葬（图1-34）。

图1-34　宁夏固原北魏漆棺左侧板 北魏
（采自宁夏固原博物馆《固原北魏墓漆棺画》，宁夏人民出版社1988年）

第二，中央集权影响形成的艺术特征。

壁画墓以上阶层的墓葬居多，这样的阶层属性使其必然要受到中央集权的种种规定，也直接影响了我国墓室壁画的艺术特征。首先，政治中心地区遗存丰富。从遗存统计数据看，长安地区、洛阳地区壁画墓遗存最为丰富，而这里也正是汉、唐、北宋等王朝的政治中心所在。其次，政治中心影响墓室壁画发展。政治中心为壁画墓的存在提供了良好的客观条件，同时在政治中心地区形成的墓室壁画风格也借力于政治中心的辐射而影响其他地区，"洛阳模式"和"京畿模式"的形成即是缘于此。另一方面，当政治中心强大时，这一时期的墓室壁画发展呈现兴盛之势，反之趋于衰落。汉、唐、北宋时期，国家的政治中心在中原地区，壁画墓遗存的数量在全国占有很大比例。北宋以下政治中心转移，壁画墓遗存的比例大大降低，而同期辽金夏的壁画墓遗存数量在百座以上，壁画墓的数量随着少数民族政权的兴起而上升。再次，政治辐射影响墓葬的形制沿革。汉代的壁画墓有汉墓壁画与汉画像石两种主要形制，前者属于中上阶层墓葬，后者属于中下阶层墓葬。在丝绸之路上，汉画像石的兴盛只存在于东汉时期，而汉墓壁画不仅兴盛于两汉，也兴盛于汉以下的各个朝代，且两京地区之外也有存在，这是依托于中央集权的政治辐射而形成的发展格局。最后，宗族因素的影响。丝绸之路上，河西图像体系和西域图像体系的形成都是与宗族支持分不开的。宗族的影响也有来自于中央集权的政治辐射，但毕竟受到的限制少，反映到墓室壁画的图像上就是地方特色鲜明，墓主人的要求得到更加多样的表现（图1-35）。

第三，重生信仰形成的艺术特征。

墓室壁画是墓主人在重生信仰指导下完成的艺术作品，墓主人对另一个世界的期待规定了墓室壁画的创作方向。丝绸之路上的墓室壁画亦是如此，重生信仰提供了墓室壁画的艺术特征。首先，重生信仰建构各个图像体系的图像内容。墓主人通过重生而在另一个世界生活，这个世界的所有内容都是墓主人根据此岸生活体验而建构的，所以墓主人生活的不同地域将带来不同的此岸生活体验，由此而建构出有所不同的彼岸图像，两

武士图1　　　　　　　　　武士图2

第一章 引 论

武士图3

武士图4

图1-35 武士图1-4 宁夏固原北周李贤夫妇墓 公元569年
(采自徐光冀主编《中国出土壁画全集9》,科学出版社2012年)

京图像体系、河西图像体系、西域图像体系和东部图像体系因此而形成。其次，重生信仰规定墓室壁画的程式化特征。程式化是宗教艺术的共性，而墓室壁画因为生死转化的特定体验而使程式化表现得更加清晰，所有图像都落于告别此岸、生死转化和到达彼岸这三个阶段之中。丝绸之路特别的地方是，因为四个图像体系依托的地域不同，所以有着不同的程式化模式。两京图像体系因为京畿之地而有着与森严的等级制度对应的各种参照物，反映重生的图像结构因此显得更加完整，同时也因此受到一些限制；河西地区因为宗族势力的影响而对墓主人的要求有着更加突出的表现，完整性让位于墓主人的重生要求；西域图像体系体现出边疆特色，完整性不够但特色鲜明；东部图像体系是多元和开放。最后，墓室壁画保留了本土宗教信仰的纯粹性。丝绸之路是我国宗教艺术发展的重要地区，佛教艺术的成就和影响始终是各方面学者关注的领域。不过深入讨论墓室壁画图像体系后，可以发现这一地区虽然佛教艺术影响极大，但墓室壁画中的佛教内容只是零星表现，没有形成体系，佛教的炽热并没有影响到重生信仰的结构和图像体系的沿革，这个现象与同一地区地面之上的宗教艺术形成鲜明的对比，这说明墓室壁画保留着本土宗教信仰的纯粹性，同时也为我国宗教发展研究提供了一份独特的文本。丝绸之路墓室壁画的这个特征，有益于本土宗教发展的深入研究，也有益于佛教本土化的全面研究（图1-36）。

第四，海上丝绸之路的特殊意义。

在航海造船技术水准比较低下的时代，远距离贸易主要还是依赖于陆路的交通方式，所以中国海上丝绸之路的开通体现出中国古代科技对世界文明的贡献。

我国文献中，班固最早完整记载了海上丝绸之路的路线。《汉书·地理志》记："自日南障塞（郡比景，今越南顺化灵江口）、徐闻（今广东徐闻县）、合浦（今广西合浦县）船行可五月，有都元国（苏门答腊）；又船行可四月，有邑卢没国（今缅甸勃固附近）；又船行可二十余日，有谌离国（今缅甸伊洛瓦底江沿岸）；步行可十余日，有夫甘都卢国（今缅甸伊洛瓦底江中游卑谬附近）；自夫甘都卢国船行可二月余，有黄支国

图1-36 前室中心柱莲花图 新疆维吾尔若羌县楼兰古城北LE古城壁画墓 西晋
（采自徐光冀主编《中国出土壁画全集9》，科学出版社2012年）

(今印度马德拉斯附近），民俗略与珠厓相类。其州广大，户口多，多异物。自武帝以来皆献见。有译长，属黄门，与应募者俱入海市明珠、壁流离、奇石异物，赍黄金，杂缯而往。所至国皆禀食为耦，蛮夷贾船，转送致之。亦利交易，剽杀人。又苦逢风波溺死，不者数年来还。大珠至围二寸以下。平帝元始中，王莽辅政，欲耀威德，厚遗黄支王，令遣使献生犀牛。自黄支船行可八月，到皮宗（今马来半岛克拉地峡的帕克强河口）；船行可二月，到日南（今越南中部）、象林（今越南广南潍川南）界云。黄支之南，有已程不国（今斯里兰卡），汉之译使自此还矣。"

　　海上丝绸之路受到造船技术等条件的限制而没有陆上丝绸之路规模大，但是从历史发展和现实需要看，海上丝绸之路意义重大。龚缨晏认为：古代海上丝绸之路与"21世纪海上丝绸之路"之间又存在着非常密切的联系。例如，"21世纪海上丝绸之路"所连接的国家及地区，正是古代海上丝绸之路所途经的，两者在地理范围上高度重合。又如，今天，虽然有发达的航空及现代通讯，但海上航线依然是中国与这些国家之间相互往来的最主要通道，海上航运依然是中国与这些国家进行货物贸易的主要形式。更加重要的是，古代海上丝绸之路与"21世纪海上丝绸之路"在精神层面及内在性质上有着共通性。在两千多年的岁月中，中国与海外国家的交往一直是以和平的方式进行的，而不是借助于征服、杀戮之类的暴力方式。所以，中国与海外国家之间的古代海上丝绸之路，始终是和平之路、合作之路、友谊之路，完全不同于1500年之后欧洲人的海外扩张。地理大发现时代开始的欧洲海外扩张，一直是通过征服、霸占、殖民来实现的。①

　　从正史记载看，陆上丝绸之路的开拓者很早就关心过海上丝绸之路，比如东汉甘英出使大秦的经历。在开拓丝绸之路的历史中，汉代出现了许多名扬千古的英雄，如我们熟悉的伟大人物张骞和班超，一个在西汉"凿空"，一个在东汉再次恢复中原政权对西域的统治影响力。班超还有一个了不起的部下，就是甘英，他在西行的丝绸之

---

① 参见龚缨晏：《关于古代"海上丝绸之路"的几个问题》，《海交史研究》2014年第2期。

路上走得更远，最后来到了大海的边上。公元 97 年，西域都护班超派遣部下甘英出使大秦，即罗马帝国。《后汉书·西域传》记载："和帝永元九年，都护班超遣甘英使大秦，抵条支。临大海欲度，而安息西界船人谓英曰：'海水广大，往来者逢善风三月乃得度，若遇迟风，亦有二岁者，故入海人皆赍三岁粮。海中善使人思土恋慕，数有死亡者。'英闻之乃止。"《晋书·四夷传》记载："汉时都护班超遣掾甘英使其国。入海，船人曰：'海中有思慕之物，往者莫不悲怀。若汉使不恋父母妻子者，可入。'英不能渡。"

　　对史籍记载，后人提出了三个问题。第一个问题是：甘英到达的"大海"（也称"西海"）是指哪个海域？《后汉书·西域传》记载："（永元）九年，班超遣掾甘英穷临西海而还，皆前世所不至，《山经》所未详，莫不备其风土，传其珍怪焉。"学者们曾经提出里海、黑海、地中海和波斯湾之说，目前一般趋向于地中海、波斯湾两说。第二个问题是："海中有思慕之物"是指什么事情？这件事情阻止了甘英的前行，所以学者们颇为关心。据考证，所谓"思慕之物"就是海上女妖的传说。希腊神话描述，海上女妖是一群半人半鸟形的怪物，她们善歌舞，航海者听到她们的歌声后就会着魔，停舟不前，呆在那里听下去，一直到死亡为止。海妖故事流传很广，最早记载于荷马史诗《奥德赛》中。遇到这种情况时，奥德修斯接受了巫师建议，用蜡封住同伴们的耳朵，同时让同伴们将自己绑在桅杆上，这样就抵御住海妖们的歌声的诱惑，他们的船冲过海妖岛而活了下来。第三个问题是：甘英完成出使大秦的任务了吗？甘英因为畏惧大海而没有继续前进，但他委托安息船员把汉帝国的信息传递过去。公元 166 年，大秦王安敦的使者来到东汉拜访。大秦王安敦是当时的罗马皇帝，甘英的任务算是完成。

　　甘英虽然没有达到原定的目的地大秦，但他仍是中国第一位走得最远的使臣。他不仅走过了丝绸之路的大半段路程，还了解到了从条支南部出波斯湾，绕道阿拉伯半岛到罗马帝国的航线。在丝绸之路的发展历史中，甘英的这次探险活动到达了波斯湾海边，

联系到海上丝绸之路,其意义也可与张骞的"凿空"之举相提并论(图1-37)。

随着"一带一路"观念日益深入人心,海上丝绸之路也越来越受到各方面的关注,对应于陆上丝绸之路,国家文物局在2016年公布了首批入选海上丝绸之路非遗的名单,共有8座城市,海上丝绸之路的申报工作开始正式启动。这8座城市是:泉州、广州、宁波、南京、漳州、莆田、丽水以及江门。

图1-37　张骞出使西域图　敦煌莫高窟第323窟　初唐
(采自敦煌文物研究所《中国石窟·敦煌莫高窟(三)》,文物出版社2015年第2版)

第二章　丝绸之路西部墓室壁画

中国境内的丝绸之路上有着大量的墓室壁画遗存，从历史发展和地理文化的语境考虑，这些墓室壁画遗存可以分为三个图像体系，即：丝绸之路西部墓室壁画、丝绸之路中部墓室壁画和丝绸之路东部墓室壁画。这三个图像体系有共同的艺术特征，但各自的地域性特征也是非常突出。西部图像体系的地域性最为突出，河西走廊和西域构成了多元文化交融的两大板块。从当代行政区划看，西部图像体系有宁夏、甘肃、青海和新疆这样四个省级行政区划单位。从历史文化发展看，河西地区和西域地区是西部图像体系的干线。

第一节 西部墓室壁画遗存面貌

西部图像体系覆盖宁夏、甘肃、青海和新疆，墓室壁画遗存突出的是甘肃和新疆。甘肃是墓室壁画大省，不仅数量多，而且特色明显。新疆地区墓室壁画也一向为中外学术界所重视，地域特色鲜明。以上两地是学术界长期关注的地区，特色各异，甘肃地区以画像砖为多，新疆地区则以彩绘壁画为主。宁夏和青海地区以往不被关注，但随着近年考古发掘成果的增加，这两个地区在壁画墓遗存方面也表现出明确的学术张力。

一、甘肃墓室壁画遗存

甘肃地区是一个狭长的地带，丝绸之路中名闻天下的河西地区就在这里。河西地区指今甘肃的酒泉、张掖、武威等地，因位于黄河以西，故自古称为河西。这里的壁画墓早在汉代就已经出现，就壁画遗存的数量而言，可说是西部地区最丰富的地方了，目前有各代壁画墓遗存一百多座。就自身发展而言，河西地区的墓室壁画较为集中地出现在魏晋十六国时期和宋金时期。

魏晋十六国时期。这一时期河西的壁画墓遗存有 60 余座，非常直观地表现出当时墓室壁画的繁荣。这些壁画墓比较集中，基本存在于嘉峪关地区。1944 年，我国考古先驱夏鼐等就在敦煌佛爷庙湾墓地发掘了十几座魏晋墓。嘉峪关新城墓地也是另一个较为重要的地区，考古人员从 1972—1979 年先后发掘了 13 座墓地，其中 M1、M3、M4、M5、M6、M7、M12、M13 为彩绘砖壁画墓，共出土壁画砖 700 余块。① 从形制上看，这些壁画砖有两个突出特点：其一，一砖一画。这些壁画砖大多勾赭色边框，少量题材绘在双砖或多砖上，每幅砖画都可以作为一幅独立的美术作品欣赏，也有些则可以整体串联贯穿而有连环画的效果。其二，多层分部。画像砖常常有四至五层，平行对称分布，两层之间还留有间隔（图2-1、图2-2）。

图 2-1　中室东壁 甘肃嘉峪关魏晋 3 号墓 魏晋
（采自袁融主编《甘肃嘉峪关魏晋三号墓彩绘砖》，重庆出版社 2000 年）

宋金时期。这一时期，北宋和金代共有 30 余座壁画墓，主要分布于甘肃中、东部

---

① 参见甘肃省文物队、甘肃省博物馆、嘉峪关市文物管理所：《嘉峪关壁画墓发掘报告》，文物出版社，1985 年，第 6 页。

中国丝绸之路上的墓室壁画

图 2-2　男墓主人大型宴饮图 嘉峪关新城 6 号墓 魏晋
（采自徐光冀主编《中国出土壁画全集 9》，科学出版社 2012 年）

的天水、定西、兰州、庆阳等地。就数量而言，宋金时期河西壁画墓尚能在全国占有一席之地，但是横向看，内容的丰富性可能不及同一时期的中原地区；纵向看，艺术成就也不及之前魏晋十六国时期的彩绘画像砖。(图 2-3、图 2-4、图 2-5)。

此外，西夏王朝的政治势力曾经覆盖河西地区一个多世纪，在留下西夏时期佛教艺术的同时，也留下了一些反映重生信仰的墓室壁画。武威曾发现过一批西夏墓葬，墓室里出土了一些木版画，对于研究西夏的墓室绘画艺术具有很高的价值。西夏的砖雕墓遗存很少，但有特点。庆阳市西峰彭原乡出土了一批西夏的方形砖雕，题材有受中原文化影响的凤鸟、莲生贵子图像和受佛教影响的飞天、荷花图像。武威西夏二号墓出土的一批木版画，地域特征突出，人物神态完全是西夏的风格。(图 2-6)

第二章　丝绸之路西部墓室壁画

图 2-3　仕女图 清水县白沙乡箭峡墓 宋代
（采自南宝生《绚丽的地下艺术宝库：清水宋（金）砖雕彩绘墓》，甘肃人民出版社 2005 年）

图 2-4　侍女图 甘肃渭源县出土 金代
（采自徐光冀主编《中国出土壁画全集 9》，
科学出版社 2012 年）

图 2-5　楼阁吉祥花卉图 甘肃清水县贾川乡出土 金代
（采自徐光冀主编《中国出土壁画全集 9》，科学出版社 2012 年）

 第二章 丝绸之路西部墓室壁画

图 2-6 武士图 武威西夏二号墓木板画 西夏
（采自杨福《甘肃武威西夏二号墓》，重庆出版社 2000 年）

二、新疆墓室壁画遗存

新疆地区即汉唐时期的西域，东汉后期墓室壁画就已出现，目前发掘的各类壁画墓遗存近40座，主要集中于吐鲁番和楼兰地区。新疆地区墓葬的特点是墓群普遍存在，壁画墓也依附其中。目前考古发掘成果显示的壁画墓群有：汉晋楼兰城及其墓葬群、尼雅聚落及附近墓葬群、营盘城及附近墓葬群，以及晋唐时期吐鲁番阿斯塔那-哈拉和卓墓葬群等。此外，新疆墓室壁画以彩绘壁画为主，目前已经发掘的彩绘壁画墓有12座。

新疆墓室壁画发展时间跨度很大，但从考古成果看，魏晋南北朝和唐代是墓室壁画的繁荣时期。

魏晋南北朝时期，新疆地区有13座壁画墓，几乎各代都有，如西晋的若羌县楼兰古城北壁画墓、尉犁咸水泉汉晋墓群和若羌小河汉晋墓群等，十六国时期的哈喇和卓94～98号墓，东晋时期的阿斯塔那墓地13号墓，汉晋时期的民丰尼雅95MN1号墓地，以及十六国时期的阿斯塔那408号墓、阿斯塔那303号墓等。从现有遗存看，其数量虽然不多，但墓室壁画的类型多样，墓葬形制上有单室墓和双室墓两种类型，壁画形制上则主要有彩绘壁画、绢画、纸画、棺木画、砖雕等5种类型，其中棺木画、绢画、纸画都是其他地区少见的类型。墓葬和壁画形制的类型丰富，说明了西域作为丝绸之路重要地段而受到多元文化交流的影响。尤其是该地十六国时期的壁画墓，无论是墓葬形制，还是题材内容、绘画技法等艺术风格，都与河西地区的壁画墓颇为相似，这一现象应当与十六国时期的河西豪门大族迁徙移民、文化融合有较大关系。

唐代，墓葬壁画在新疆主要见于吐鲁番市阿斯塔那古墓群，数量多，规模宏大，且集中在盛唐至中唐时期。晚唐以后，新疆地区的壁画墓仅有2座，具体为晚唐至五代的田市布扎克墓地和唐宋时期的皮山亚尕奇乌里克墓。

新疆吐鲁番古墓群主要集中在哈拉和卓和阿斯塔那。从1959年至1975年，该地区一共进行了13次大规模的抢救性发掘，出土了大量珍贵的文物和壁画。其中，阿斯塔那发掘的古墓有 362 座，哈拉和卓有 111 座。这样的背景下，墓室壁画的发展得到了充分的支持（图 2-7）。

图 2-7　人物宴饮图　新疆维吾尔若羌县楼兰古城北 LE 古城壁画墓　西晋
（采自新疆维吾尔自治区文物局《新疆维吾尔自治区第三次全国文物普查集成·新疆古墓葬》，科学出版社 2011 年）

从现有考古成果看，新疆唐代墓室壁画遗存有两个特点：其一，遗存集中于盛唐与中唐，有 16 座之多，晚唐只有 1 座。其二，吐鲁番阿斯塔那古墓群的壁画墓更为集中，考古成果突出。目前发掘的就有吐鲁番阿斯塔那 386 号张师儿夫妇墓（619）、阿斯塔那 301 号墓、阿斯塔那 302 号墓（653）、阿斯塔那 322 号墓（663）、阿斯塔那 501 号张

图 2-8 伏羲女娲麻布画 阿斯塔那墓群出土 唐代
(采自新疆维吾尔自治区文物局《新疆维吾尔自治区第三次全国文物普查成果集成·新疆古墓葬》,科学出版社 2011 年)

怀寂墓(693)、阿斯塔那 206 号张雄夫妇墓(633)、阿斯塔那 187 号张公夫妇墓、阿斯塔那 188 号昭武校尉张某之妻麴仙妃墓(盛唐时期)、阿斯塔那 230 号张礼臣墓(70)、阿斯塔那 216 号墓(盛唐时期)、阿斯塔那 217 号墓(盛唐时期、)、阿斯塔那 50 号墓(盛唐时期)、阿斯塔那 90 号墓(盛唐时期)、阿斯塔那 38 号墓(中唐时期)等(图 2-8)。

三、宁夏和青海墓室壁画遗存

宁夏与青海是丝绸之路上的主要地段,这里既受到了外来文化的影响,也受到了中原文化的覆盖,墓室壁画的出现就体现出多元文化的影响。

(一)宁夏

据目前考古报告统计,宁夏地区有 14 座壁画墓。宁夏地区的墓室壁画较早见于北魏时期,西夏之后目前尚没有考古发现,因此相对于其他地区而言,宁夏地区的墓室壁画出现时间相对较晚,结束时间也比较早。从时间看,可以分为北朝、隋唐、西夏三个阶段。从形制看,主要有彩绘壁画墓、石刻墓、画像砖墓和漆棺墓等类型。

总体来看,宁夏地区的墓室壁画有两个

比较突出的地方：其一，墓室壁画集中于固原地区。宁夏地区壁画墓遗存在固原地区出土最多，共有8座，另在固原之外的吴忠市、银川市、盐池县各发现2座遗存。固原在历史上为丝绸之路重镇，在这里传播的外来宗教就有佛教、伊斯兰教、基督教和天主教，反映中原重生信仰的墓室壁画在这里也大量出现，说明了中原文化的巨大影响。其二，粟特人墓葬活动突出。宁夏固原地区是粟特人流寓中国的重要集中地。20世纪80年代，这里发现一处隋唐时期居住在固原的粟特人史氏家族墓地。1982年至1987年，根据宁夏固原南郊墓地中发现的6方墓志判断，这里至少有4座墓是唐代入华粟特人的墓葬，且是分属于两个家族的史氏家族墓葬①。1985年在盐池县苏步井乡唐墓M3出土有一方墓志，"铭文中显示墓主人为大周都尉何府，为大夏月氏人，即为康国昭武九姓中的一支"②。林悟殊认为："固原粟特人墓葬中虽未出土祆教题材的石棺床，但出土的石门、石棺床、石幢上的纹饰也很有特色。如史诃耽墓石门上出现的联珠"天马"纹图案就带有鲜明的波斯风格"③（图2-9、图2-10）。

（二）青海

青海地区墓室壁画出土成果很少，目前已经发掘的壁画墓仅有两座，即郭里木吐蕃壁画墓。这两座墓的形制为棺板画墓，均为竖穴土坑形制，其中一座是木椁墓，为男女合葬墓；另一座系竖穴土坑墓，但用柏木封顶，为迁葬墓。这两座墓均为单室墓，平面呈长方形，均有长方形斜坡式墓道，且木棺均较完整，两座墓葬中也都见有殉牲习俗。尤为引人注目的是，两座墓葬中的三具木棺绘有异常精美的彩绘，不仅在彩棺档头绘有四神、花鸟，而且在棺侧板上还绘有狩猎图、商旅图、宴饮图、帐居迎宾图等。④

---

① 参见罗丰编著：《固原南郊隋唐墓地》，文物出版社，1996年，第216页。
② 马晓玲：《中古时期入华粟特人墓葬的发现与研究》，《中国史研究动态》2015年第3期。
③ 林悟殊：《波斯拜火教与古代中国》，台湾新文丰出版公司，1995年，第88页。
④ 参见许新国：《郭里木吐蕃墓葬棺板画研究》，《中国藏学》2005年第1期。

图 2-9 执笏、执刀武士图 宁夏固原原州区史勿射墓 公元 609 年
（采自徐光冀主编《中国出土壁画全集 9》，科学出版社 2012 年）

第二章 丝绸之路西部墓室壁画

图 2-10 牵马图 宁夏固原原州区梁元珍墓 公元 699 年
（采自徐光冀主编《中国出土壁画全集 9》，科学出版社 2012 年）

青海郭里木吐蕃棺板画是目前唯一出土的吐蕃时期的图像，对研究吐蕃文化及唐文化具有重要价值。因为对应的背景材料极少，郭里木吐蕃棺板画研究成果常常存在一些争议，目前的争议主要集中于墓主人族属和身份以及对彩绘棺板画图像内容及顺序的解读上（图 2-11）。

图 2-11 1号棺板画 A 板 青海郭里木吐蕃墓 盛唐
（采自仝涛《青海郭里木吐蕃棺板画所见丧礼图考释》，《考古》2012 年第 11 期）

第二节 西部墓室壁画艺术特征

中国境内的丝绸之路上，甘肃、宁夏、青海和新疆地区位置特殊，对于中原文化而言，这里是遥远的地方，中原辐射相对减弱；而对于域外文化而言，这里又是最接近东方大帝国文化的地方。遥远和接近相互重叠，形成了西部地区最大的文化特征，这就是多元文化交流，这一点也体现在了西部墓室壁画的艺术特征上。具体看，有河西地区图像体系和西域地区图像体系两个方面。

一、河西地区图像体系

河西是一个地理位置特别的地区，一端是母亲河黄河养育的中原大地，一端是面向葱岭的西域地区。河西地区的地形走向上，南边是祁连山，又称南山，北边是龙首山、合黎山等山脉，合称北山。在这些崇山峻岭夹峙之下，形成东西走向的狭长地貌，使得河西地区成为丝绸之路上的交通要道。同时，河西走廊也是文化走廊。"'丝绸之路'是世界'文化之源'，在它的东西两端，产生了中国文明、埃及文明、印度文明、美索不达米亚文明、中亚文明、希腊文明等许多古代文明，成为世界文明的摇篮。"① 这些文明都是通过河西走廊而南来北往，因此河西地区不仅成为交通要道，而且还成为文化走廊。河西图像体系的艺术特征，就建立于这样的特殊地理环境之上。

第一，宗族文化特征突出。

河西地区，曾经是一块富裕而安宁的地区。所有关于河西墓室壁画的研究成果都会提到河西地区历史上拥有过的安定环境，远离中原的战乱是河西地区经济、人文发展的良好条件，这几乎成为一个固定的理论支点。那么，这一条件是如何获得的？地理条件之外，我们认为还来自于特殊的地域政治结构，这就是河西地区的地方势力强大。河西地区远离中原，中央政权的辐射相对减弱，外族的侵扰则频繁出现，这样的环境为地方大族的出现提供了客观条件。这些大族为中央政权所认可，世代沿袭，有时甚至出现尾大不掉的局面，但是在维护地方政局的稳定上却是一支不可或缺的力量。这样的地域文化背景反映在河西走廊的壁画墓中，就是宗族文化特征突出。

首先，壁画墓多出于族群墓中。河西地区族群墓很普遍，直至今日，几代组合的族群墓仍然普遍存在。族群墓是河西地区普遍存在的一个墓葬传统，而壁画墓也基本出现在这些族群墓中。魏晋时期是河西地区壁画墓的兴盛时期，族群墓贡献明显。"河西走廊的魏晋墓葬群主要有武威地区的旱滩坡墓群，嘉峪关地区的新城魏晋墓群，酒泉地区的干骨崖古墓群、单墩子滩墓群、果园乡西沟墓群、余家坝墓群、崔家南湾墓群、丁家闸墓群等，所有这些墓葬中都不同程度地出现了彩绘砖画。"② 壁画墓出于族群墓中，

---

① 周菁葆主编：《丝绸之路岩画艺术》，新疆人民出版社，1993年，第2页。
② 林少雄：《古冢丹青——河西走廊魏晋墓葬画》，甘肃教育出版社，1999年，第4页。

自然也就会带来一些共同的特征。表层看就有这样的特点：一是河西地区的壁画墓与其他地区相比显得比较集中，壁画墓遗存常常会连续出现；二是同一族群墓中形制基本相同，壁画墓的墓主人有着相近的背景；三是这些壁画墓的题材比较接近，风格趋同（图2-12）。

其次，突出表现墓主人的重生要求。河西地区的墓葬中，神灵的气息不及中原地区，这是一个非常重要的信息，是墓主人对世俗生活的要求提高而带来的特别体验。林少雄从酒泉石庙子滩汉墓群的遗存出发，有这样的观点："仅在1974年发掘的一座墓葬中，除了出土有陶罐、五铢钱等典型的汉代遗物以外，还有大量的画像砖，这些画像砖与汉代画像砖的明显不同在于，它们全部画在砖上，且题材上更接近于魏晋墓葬中的彩绘画像砖，如其中大量的画面，都

图2-12　甘肃西晋画像砖墓遗存外景
（笔者拍摄）

是耕种、撒种的社会生活场面，煮肉、宴饮的日常生活场面，以及羊群、辎车等场景，不仅表现了当时这一地区人们的生活情形，同时也表明了它与随后发展起来的魏晋墓葬画的渊源关系和内在的文化关联。"①"渊源关系"和"内在的文化关联"是什么？我们认为就是墓主人在重生体验方面的突出要求以及在壁画墓中的图像表现。这些墓主人应为当地宗族领袖，是地方实力人物，有着足够的权力和财力，中央集权在这里是天高皇帝远，主流社会结构中的等级制度、传统神灵等都让位于宗族势力的获得、维持和世袭，于是权力的炫耀、世俗的享受和宗族的神圣化成为墓室壁画的突出主题（图2-13～图2-16）。

---

① 林少雄：《古冢丹青——河西走廊魏晋墓葬画》，甘肃教育出版社，1999年，第25页。

 第二章 丝绸之路西部墓室壁画

图 2-13 人物图 酒泉果园乡高闸沟村魏晋墓 魏晋
(采自徐光冀主编《中国出土壁画全集9》,科学出版社 2012 年)

图 2-14 牧鹿图 甘肃高台县骆驼城壁画墓出土 魏晋
(采自徐光冀主编《中国出土壁画全集9》,科学出版社 2012 年)

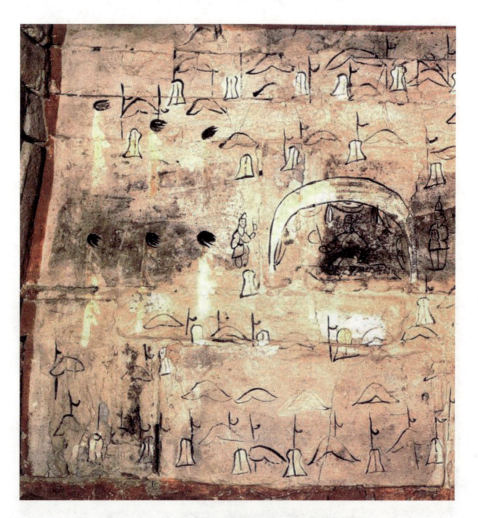

图 2-15　墓主人屯营图 嘉峪关新城 3 号壁画墓 魏晋
（采自徐光冀主编《中国出土壁画全集 9》，科学出版社 2012 年）

 第二章 丝绸之路西部墓室壁画

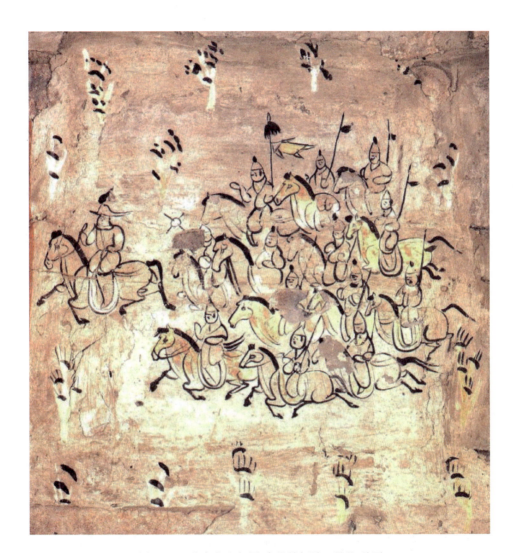

图 2-16 墓主人出行图 嘉峪关新城 3 号墓 魏晋
（采自徐光冀主编《中国出土壁画全集 9》，科学出版社 2012 年）

第二，地域叙事特征鲜明。

河西地区壁画墓的叙事特征，我们可以从两个方面思考：一方面，建立于与其他地区壁画墓的比较之中；另一方面，河西地区的特殊地理环境也是一个需要特别关注的指标。河西地区是文化走廊，不仅接受中原文化和西域文化，而且还承担着文化交流的功能，或是体现着文化交流的某种形态，这一点为其他地区所不及。

首先，两京壁画墓题材的沿革与发展。受中原文化的辐射，两京地区壁画墓所流行的题材在河西地区壁画墓中都有表现，比如宴饮图、出行图、乐舞图，以及西王母等神灵图像。同时，河西地区的自我发展也是明显的，其中最突出的就是墓主人的享乐生活成为壁画墓的图像主题，这与两京地区有所不同。两京地区也有墓主人的享乐图像，但要受到等级制度、礼仪制度，以及对神灵的敬畏等因素的制约，这些制约给图像带来了等级规格上的种种要求。河西地区则不同，墓主人的享乐生活不受节制，有大场面的宴饮图，也有细节方面的极致表现，甚至西王母图像也出现了侧重于装饰化的表现而缺少对神秘感的顾及。在这样宽松的客观环境下，墓主人对本地题材、外来题材方有更多地接受，比如胡人题材的图像，虽在中原壁画墓中普遍存在，但常常是一种点缀，而在河西地区壁画墓中，更多的则是对现实生活的一种自然反映，因此其数量较多。高凤山统计："嘉峪关魏晋墓出土的彩绘砖画中，描绘的少数民族人物形象就有氐、龟兹、羌、鲜卑、羯等。"① 这样完整的胡人图像表现，中原地区是没有的（图2-17～图2-19）。

其次，多元文化的交流图像。这方面最突出的表现就是图像题材和形制的多元化，这样的多元化又是通过文化交流而形成，并历代沿革，最终形成河西地区壁画墓的艺术特征。一方面，在图像题材方面，多元文化在农牧业题材中突出。农牧业是各地都有的生产现象，但也是河西地区安定生活的一个表现，中原的生产模式在这里广泛沿用并得到改良，同时也传达出人们对战乱的厌恶。这方面的突出特点是对农业生产的完整记

---

① 张军武、高凤山：《嘉峪关魏晋墓彩绘砖画浅识》，甘肃人民出版社，1989年，第57页。

 第二章　丝绸之路西部墓室壁画

图 2-17　宴乐图 嘉峪关新城 1 号壁画墓 公元 257 年
（采自徐光冀主编《中国出土壁画全集 9》，科学出版社 2012 年）

录："从现有画面看，关于当时农业发展情形的画面主要包括两方面内容：一是关于当时农业生产活动的一些场面，一是当时人们普遍使用的一些生产工具。"① 此外，一些图像是中原地区少见而在河西地区得到了突出表现，如桑蚕的图像，魏晋时期壁画墓中就有桑园图、驱鸟护桑图、采桑图、丝束图和绢帛图等，几乎涵盖了桑蚕的种养、加工的完整过程；又如畜牧业的图像，牧羊、赶马、配种等图像，表现出畜牧业在当地社会生活中的重要性，这些活动过程中的许多细节都为他处少见；其他如中原地区少见的狩猎图，

---

① 林少雄：《古冢丹青——河西走廊魏晋墓葬画》，甘肃教育出版社，1999 年，第 73 页。

图 2-18　胡人乐舞图　甘肃高台罗城乡河西村地埂坡墓地 4 号墓 魏晋
（采自徐光冀主编《中国出土壁画全集 9》，科学出版社 2012 年）

图 2-19　胡人宴饮图　甘肃高台罗城乡河西村地埂坡墓地 4 号墓 魏晋
（采自徐光冀主编《中国出土壁画全集 9》，科学出版社 2012 年）

在这里多有表现,服装、战马、农作物等也都有着与中原地区不同的面貌(图2-20~图2-23)。

图 2-20　耙地图　嘉峪关新城6号墓　魏晋
(采自徐光冀主编《中国出土壁画全集9》,科学出版社2012年)

图 2-21　放牧图　酒泉果园乡高闸沟村魏晋墓　魏晋
(采自徐光冀主编《中国出土壁画全集9》,科学出版社2012年)

图 2-22　播种图 酒泉市果园乡高闸沟村魏晋墓 魏晋
（采自徐光冀主编《中国出土壁画全集 9》，科学出版社 2012 年）

图 2-23　骆驼图 嘉峪关新城 5 号墓 魏晋
（采自徐光冀主编《中国出土壁画全集 9》，科学出版社 2012 年）

另一方面，在形制多元化方面，丰富性是河西地区的重要特征。墓室壁画与中原一致之外，魏晋时期的画像砖普遍存在，成就突出，其他棺板画、绢画等也显得很有特色。对河西地区壁画墓的丰富性，学者们常常引用张军武对魏晋壁画墓的一段描述："嘉峪关魏晋墓和中原地区墓形制的区别是：(1) 墓门上砖叠高大而复杂的门楼，不见于中原，这是渊于东汉末关西一带的墓制；(2) 干砖相叠和前、中室作盝顶，也为中原所罕见，这是由于这个地区墓室建于地下砾岩洞中，不需要砖结构负载较大的重量而出新的一种地方作法；(3) 前、中室左右壁砌出半开小门和墓室盛饰彩绘砖和小幅壁画，都为以前所未见；(4) 中原葬具保存甚少，葬具内画东王公、西王母或女娲、伏羲的形象，极为罕见。"① 所见极是，比如河西地区的西王母、东王公图像，装饰性图像占有很大比例，与中原地区比较有很大的区别（图 2-24、图 2-25）。

再次，照墙形制的特别表现。河西地区壁画墓的墓门与中原地区比较有很大的不同，"墓门上方均有高大的门楼，高 5 米、9 米或 11 米，宽 2 米，门楼上部镶嵌有雕砖门阙、斗拱、托梁熊、彩画砖或图案画。有的装饰竟多达十余层"。② 这样的门楼也称照墙、照碑，这是一种装饰性很强的形制结构，特别复杂和精细。郑岩认为："照墙的修建到了酒泉曹魏以后流行开来，佛爷庙湾西晋墓的照墙则更为踵事增华，成为整个墓室装饰最为繁复的部分。"他同时认为："酒泉、敦煌一带墓门以上砖砌的楼阁状照墙不见于洛阳，但类似形状的门楼在陕西潼关吊桥汉代杨氏墓群可以见到……如果将上述几个地点连成一线，就不难发现这种风格由关中地区向西北传播的事实。"③ 照墙发展的脉络可以从文献资料和遗存发掘成果中找到与中原地区的传承关系，但河西地区的自我发展应当是非常明显的，这样的特征与墓主人的宗族要求有关联，照墙的出现表明了墓主人走向另一个世界而对各方面提出的要求，同时也是对宗族显赫地位的一种强调。照

---

① 张军武、高凤山：《嘉峪关魏晋墓彩绘砖画浅识》，甘肃人民出版社，1989 年，第 3 页。
② 张军武、高凤山：《嘉峪关魏晋墓彩绘砖画浅识》，甘肃人民出版社，1989 年，第 1 页。
③ 郑岩：《魏晋南北朝壁画研究》，文物出版社，2002 年，第 161 页。

图 2-24 西王母图 酒泉丁家闸 5 号墓 十六国
(采自徐光冀主编《中国出土壁画全集 9》,科学出版社 2012 年)

 第二章　丝绸之路西部墓室壁画

图 2-25　东王公图 酒泉丁家闸 5 号墓 十六国
（采自徐光冀主编《中国出土壁画全集 9》，科学出版社 2012 年）

图 2-26 照墙 西晋画像砖墓遗址
（笔者拍摄）

墙是一种象征，在河西地区，这样的象征并不代表获得了中央政权方面的认可，但却是墓主人不受约束的自我认可，甚至是形制上寻求突破的一个出发点，于是出现了繁复到极致的照墙。这样的特别形制在河西地区不在少数，照墙之外还有前室左右壁的分工、偏室厕所的倒置等，都表现出墓主人在形制上的特别诉求（图 2-26）。

最后，重生图像仍然为主体。河西地区的宗教图像，学术界涉及最多的是佛教传播的影响。林少雄认为："在整个中土高僧层出不穷的大背景下，地处中西文化交通要道的河西地区更是僧侣济济、人才辈出，如在《高僧传》中收录的当时数百位的高僧中，出生在河西的就有 36 人，而另外与当时河西地区有密切关系的有 50 人。"[①] 但是在河西地区的壁画墓中，我们并没有看到佛教传播的盛况，可能有莲花、白象等佛教色彩的图像出现，但直接的佛像仍然难寻。郑岩认为："通过对于墓葬画像的观察大致可以看到，佛教转世轮回的理论与中国传统的丧葬观念有着本质的差别，佛教艺术题材从整体上说，很

---

① 林少雄：《古冢丹青——河西走廊魏晋墓葬画》，甘肃教育出版社，1999 年，第 150 页。

难全面地影响墓葬装饰，传统的儒学思想、神仙道教学说和外来的佛教互相交融的同时，常常又占据着社会生活的不同空间和层面。"① 同时他还认为："敦煌墓葬中偶然出现一些带有佛教色彩的习俗，但也不能改变墓葬所体现的传统丧葬观念。"② 我们同意这样的观点，我们的补充是：佛教的传入以及本土化对我国传统宗教的发展影响很大，甚至道教的初期发展都得到了佛教的帮助，但是重生信仰对佛教的接受非常有限，河西地区壁画墓给了我们一个特别好的对比语境。地面上的石窟中有着体系庞大而又无以伦比的精美佛像，地面下的壁画墓则仍然以墓主人的彼岸生活描述为主，这说明重生信仰有着独立发展的轨迹，以及对本土宗教发展有着不可忽略的贡献(图2-27)。

图2-27　覆斗顶及藻井莲花图　敦煌佛爷庙湾西晋画像砖墓M133　西晋
(采自戴春阳《敦煌佛爷庙湾西晋画像砖墓》，文物出版社1998年)

二、西域地区图像体系

西域墓室壁画考古成果集中于吐鲁番地区，这与其接受中原文化有着密切的关系。两汉时期，吐鲁番地区有了独立的地方政权，但接受与中央政府的隶属关系。公元4世纪起，吐鲁番地区先后历经了高昌郡、高昌国、西州阶段，但各代王朝始终与中原王朝保持密切联系，由此而形成了以汉民族文化为主体的文化传统。

西域是我国传统壁画艺术的重镇，几乎所有相关的学者都要关注西域壁画艺术的发展和成就。但是，学者们关注的都是佛教石窟中的壁画，龟兹石窟、高昌石窟这些著名石窟群的研究成果早已是硕果累累，而对这一地区墓室壁画的艺术成就则关注度不大。

西域地区的壁画墓数量不多，但从我国墓室壁画的整体发展看，这一地区有着自己

---

① 郑岩：《魏晋南北朝壁画研究》，文物出版社，2002年，第167页。
② 郑岩：《魏晋南北朝壁画研究》，文物出版社，2002年，第170页。

的特点，是一个不可或缺的研究领域。

第一，边疆地区特征鲜明。

从西域壁画墓的考古成果看，中原地区的影响很大。"根据考古发现，从高昌时期到西州时期的墓葬形制均受到中原的影响，这里的唐代墓葬结构更多地保留了北朝的风格，一般由斜坡墓道、甬道和弧方形墓室构成，墓室顶部为穹窿顶或平顶，棺床大多靠后壁，有的墓还是前后双室结构，也有少数墓开1～3个天井。"① 不过，西域壁画墓有自己的特征，即鲜明的边疆地区特征。

首先，考古起步时间晚。与中原地区不同，这一地区的考古工作开展比较晚。"1915年，英国斯坦因在新疆盗掘了阿斯塔那古墓群，其中有6座单室土洞墓葬属于十六国时期，其中有4座带有彩色壁画，揭开了这一时期西北和新疆地区考古的序

图2-28 阿斯塔那古墓群外景
（采自高敬《古韵新疆》，五洲传播出版社2014年）

幕。"② 之后，1950—1980年，在阿斯塔那和哈拉和卓共发现西晋至唐代墓葬282座，基本确立了3～8世纪吐鲁番地区的考古文化序列。③ 地域遥远显然影响到考古工作的开展，对壁画墓的研究也有一定的影响（图2-28）。

其次，壁画墓的遗存更加集中。族群墓普遍是西域地区的墓葬特征，壁画墓的遗存

---

① 李星明：《唐代墓室壁画研究》，陕西人民美术出版社，2005年，第119页。
② 董新林：《中国古代陵墓考古研究》，福建人民出版社，2005年，第192页。
③ 参见新疆社会科学院考古研究所：《新疆考古三十年》，新疆人民出版社，1983年，第31页。

显得更加集中，这一点在唐墓上特别突出。吐鲁番阿斯塔那、哈拉和卓的墓地有专门的茔城，为当地豪族所筑，他们聚族而葬，规模极大，其中以张氏墓地最为著名，共发现了65座墓葬。这些族群墓中，出现了许多意义重大的墓葬绘画成果① (图2-29)。

图 2-29 阿斯塔那-哈拉和卓古墓群外景
（采自《中国国家地理》2009年第8期）

---

① 参见新疆文物事业管理局、新疆文物考古研究所：《新疆维吾尔自治区文物考古五十年》，《新中国考古五十年》，文物出版社，1999年，第50页。

最后，唐代壁画墓成就最为突出。西域族群墓主要集中于吐鲁番地区，年代大致分为三个时期：第一期，魏晋南北朝时期（3世纪至6世纪初），即西晋至高昌郡阶段；第二期，南北朝中期至初唐时期（6世纪初至7世纪中），即鞠氏高昌阶段；第三期，盛唐至中唐时期（7世纪至8世纪后期），即唐代高昌时期。① 壁画墓在这三个时期都有，但唐代最为突出，数量多，而且艺术价值也高，著名的屏风图和伏羲女娲图都是这一时期的作品。同时我们注意到，这三个时期中央政权能够覆盖整个西域，中原文化的壁画墓也就与之同步而影响到遥远的西域。唐以下，中央政府的政治影响力减弱，这一地区的壁画墓也就凋零了。李唐王朝是这三个时期中最为强盛的中央政权，这一时期的壁画墓最为丰富也就是一个合理的现象了（图2-30～图2-32）。

第二，独特的图像形式和题材。

西域地区壁画墓数量不及其他地区，但墓葬图像的形式和题材却独特多样，有着自己的风格面貌。

首先，独特的图像形式。西域地区的壁画墓，从形式上看屏风图和绢画显得非常突出，这是其他地区壁画墓中少见的图像形式。"以木框连屏人物绢画和伏羲女娲天象绢麻画代替壁画的作法未见于内地，是吐鲁番地区墓葬的一个特殊现象。"② 严格意义上讲，屏风画和绢画与一般墓室壁画的形式有所区别，它们是可以移动的墓葬绘画，不过它们的功能与不可移动的壁画是一样的，都是在墓室中以图像的形式表现墓主人的重生体验。"唐墓中的棺床象征着墓主人生前的卧榻，而屏风图就会放置在棺床后壁或者左、右、后三壁上。"③ 绢画也是如此："这些绢画出土时均位于象征卧榻的土台之上或旁边，应该是比绘在壁面上的屏风图像更为仿真的屏风，以实物来代替壁画，两者的目的

---

① 新疆维吾尔自治区博物馆、西北大学历史系：《1973年吐鲁番阿斯塔那古墓群发掘简报》，《文物》1975年第7期。
② 李星明：《唐代墓室壁画研究》，陕西人民美术出版社，2005年，第119页。
③ 宋继东：《屏风曲曲烛影深——中国古代屏风浅考》，《开封教育学院学报》2004年第1期。

图 2-30　舞乐屏风绢画　阿斯塔那
230 号墓　公元 702 年

（采自新疆维吾尔自治区文物局《新疆维吾尔自治区第三次全国文物普查集成·新疆古墓葬》，科学出版社 2011 年）

图 2-31　伏羲女娲图　哈拉和卓古墓群出土　唐代

（采自徐光冀主编《中国墓室壁画全集·隋唐五代》，河北教育出版社 2011 年）

图 2-32　树下人物图　阿斯塔那古墓群出土　唐代
（采自巫新华《新疆绘画艺术品》，山东美术出版社 2013 年）

均为模拟居室内的床榻和屏风的组合形式。"① 唐代吐鲁番阿斯塔那族群墓中出土的《伏羲女娲图》被安排在墓室的顶部和后壁，这样的位置在同时期中原地区壁画墓中是天象图的位置，而伏羲女娲是传统神灵，象征着天界，两者可谓异曲同工。甘肃高台县骆驼城壁画墓出土的伏羲女娲图也颇具特色，线条夸张，很有民俗特色（图2-33、图2-34）。

图 2-33 伏羲图 甘肃高台县骆驼城壁画墓 魏晋
（采自徐光冀主编《中国出土壁画全集9》，科学出版社2012年）

---

① 李星明：《唐代墓室壁画研究》，陕西人民美术出版社，2005年，第119页。

图 2-34 女娲图 甘肃高台县骆驼城壁画墓 魏晋
（采自徐光冀主编《中国出土壁画全集9》，科学出版社 2012 年）

其次，独特的图像题材。与中原地区比较，西域地区壁画墓的题材有着很独特的面貌。一方面，西域地区出现了一些其他地区少见或没有的图像题材，比如牧马图。阿斯塔那 188 号张公夫妇墓出土的木框八扇屏联屏绢画《牧马图》，每幅画中均有一棵树，树下有一人和一牧马，空中有燕雀，远处有远山，其中一幅图的下方有溪水流过。张氏为当地豪族，远山、溪水可以使我们联想到张氏家族的庞大经济规模，与牧马结合形成了很特别的地域色彩，其他地方少见。此外，阿斯塔那 187 号墓的《婴戏图》、216 号墓的《鉴戒图》等，都是比较独特的图像题材。另一方面，一些其他地区已经出现但后来又消失的图像题材在西域地区重新出现，也构成了该地区的独特面貌。阿斯塔那族群墓中，绢本《伏羲女娲图》就是这种类型的图像。"这种伏羲女娲图多见于汉代画像石中，进入隋唐后，在世俗图像的冲击下，伏羲女娲图像不再流行。但是，远隔千里的新疆吐鲁番地区将其传承下来，表现出文化交流和传播的时间错位。即文化的产生地和传播地距离遥远，当文化在遥远的被传播地生根发芽、广泛流行之后，主流的文化圈却抛弃了这种文化。"① （图 2-35）

图 2-35　弈棋仕女图 阿斯塔那 187 号墓 唐代
（采自金维诺主编《中国美术全集·绘画编 2 隋唐五代》，人民美术出版社 1988 年）

① 汪小洋主编：《中国墓室绘画研究》，上海大学出版社，2010 年，第 169 页。

第三章 丝绸之路中部墓室壁画

第三章　丝绸之路中部墓室壁画

因为河西走廊和西域的遥远，丝绸之路在各代文人笔下充满了神秘的色彩。其实丝绸之路并不遥远，她的起点就在西安和洛阳。丝绸之路是走向远方的通衢大道，也是存在于我们身边的通衢大道。将陆上丝绸之路与海上丝绸之路连贯起来看，中原地区为丝绸之路的中部地区。这里是两座古都所在地，曾经长时间是全国政治中心所在地，传统文化积淀深厚；另一方面，丝绸之路传播的是中原文化，外来文化的本土化也是在中原得到主流社会的推动。因此，中部地区也应当是我们认识丝绸之路的一个标志性内容。用当代行政区划来梳理，丝绸之路的中部地区主要覆盖三个地区，一是陕西省，一是河南省，一是山西省，其中陕西和河南更为重要，历史上曾经形成著名的两京图像体系。

第一节　中部墓室壁画遗存面貌

中部墓室壁画的省份包括陕西、河南和山西，这三个省都有着丰富的墓室壁画遗存，且各有特征，陕西在汉唐时期特别辉煌，河南各代都有丰富遗存而尤以汉代和北宋突出，山西则地域特色鲜明。

一、陕西墓室壁画遗存

陕西段的丝绸之路上，墓室壁画的遗存体量丰富。具体看，汉唐时期数量很大，特别是在唐代，京畿地区的墓室壁画占到了全国的80%左右。

汉唐之外，陕西的墓室壁画遗存数量不多。魏晋南北朝时期，陕西的墓室壁画遗存非常少，西安的有西安北周康业墓、西安北周安伽墓和西安北周史君墓，咸阳的有北周宇文通墓。西安的几座壁画墓都是粟特人的墓葬，表现祆教的信仰，壁画形式为石雕，显得比较特别。宋代的墓室壁画遗存主要在北宋，数量不多，许多都是2000年以后发现的，如陕西府谷县高石崖镇西山村宋墓、陕西丹凤县商雒镇壁画墓、陕西韩城宋代壁画墓、

图 3-1 陕西榆林古城汉墓门左、右立柱画像 东汉
（采自汤池主编《中国画像石全集 5》，山东美术出版社 2000 年）

陕西韩城宋代高僧涅槃壁画墓等。金代的墓室壁画遗存相对较多，说明金代受中原文化影响比较大。这些墓室壁画的遗存规模都不大，主要有陕西志丹县金代砖室壁画墓、陕西甘泉金代壁画墓（M1、M2、M3、M4 等）和陕西渭南靳尚村金末元初 M1 壁画墓等。辽代政治中心远离陕西，壁画墓数量不多，主要有陕西蒲城洞耳村元代壁画墓、西安韩森寨元代壁画墓和陕西蒲城洞耳村元代壁画墓等。明清时期，陕西有陕西杉县东关村明代石室壁画墓、陕西安康清代壁画墓和陕西紫阳县清代壁画墓。明清时期，全国壁画墓都很少，所以陕西出现 3 座壁画墓还是很有价值的。

汉唐是陕西墓室壁画发展的繁荣时期，对全国的墓室壁画发展都有着明确的贡献。

第一，陕西的汉代墓室壁画遗存。

汉代墓室壁画形式多样，主要有汉画像石和汉画像砖，以及汉墓壁画等。

汉画像石遗存。陕西汉画像石主要分布于陕北榆林地区的无定河流域，以米脂和绥德为多。陕北发掘的被关注的画像石墓有汉和帝永元十二年（100）王得元墓和汉安帝永初元年（107）牛文明墓等。20 世纪 80 年代以来，在榆林地区神木、子洲等地新发现了一些汉画像石墓，如子洲县淮宁湾画像石墓、神木县乔岔滩画像石墓、大保当汉画像

 第三章 丝绸之路中部墓室壁画

石墓群以及榆林市红石桥白城界出土的画像石等,这些画像石墓填补了长城沿线汉画像石分布区的空白。另外,本地区还有大量的散存汉画像石(图3-1)。

汉画像砖遗存。陕西不是汉画像砖的集中分布地,但也有自己的特点。其一,时间很早。秦咸阳宫、汉长安城及茂陵发现的空心画像砖,填补了战国到汉武帝之间的空白,是秦汉早期画像砖中最重要的实物。正如罗宗真所指:"空心砖墓是砖室墓的先导。"① 其二,工艺先进。出土的画像砖可分为建筑用砖和墓葬用砖,砖上图画均为模压而成,有一砖多图或一砖一图,影响了以后画像砖的形状和模印形式(图3-2)。

图3-2 朱雀图 陕西兴午画像砖 西汉
(采自王明发《画像砖》,辽宁画报出版社2001年)

① 罗宗真:《六朝考古》,南京大学出版社,1994年,第125页。

汉墓壁画遗存。陕西汉墓壁画的数量不多,壁画墓的出现是在西汉后期。目前西汉的主要遗存是西安的三处发现:西安交通大学附小壁画墓、西安曲江池1号壁画墓和西安理工大学壁画墓。新莽至东汉壁画墓主要有:千阳县汉壁画墓、咸阳龚家湾1号壁画墓、靖边杨桥畔1号壁画墓、旬邑百子村壁画墓和定边县郝滩东汉壁画墓M1等。与汉画像石、汉画像砖相比,汉墓壁画的丰富性相对弱一些(图3-3)。

图3-3　墓室图 陕西省靖边县杨桥畔杨一村东汉墓 东汉
(采自徐光冀主编《中国出土壁画全集6》,科学出版社2012年)

 第三章 丝绸之路中部墓室壁画

图 3-4 仪仗队列图 陕西潼关税村隋代壁画墓 隋代
（采自徐光冀主编《中国出土壁画全集 6》，科学出版社 2012 年）

第二，陕西的隋唐墓室壁画遗存。

隋唐五代是历史学上的一个规定划分。隋代时间短暂，五代政治中心在南方，因此本地区墓室壁画的数量很少，仅隋代的三原李和墓和潼关税村隋代壁画墓，以及五代冯晖墓比较著名。这一时期本地区的重点是唐代，80%的唐代壁画墓集中在京畿地区，因此有"京畿规制"之说（图3-4、图3-5）。

所谓"京畿规制"，是历史语境赋予的。京畿地区位于京师长安和关中一带，这里是唐代政治、经济、文化的中心，聚集着大量的皇室贵族、王公大臣的墓葬，由此而形成了一套严格规范、时代特征鲜明的墓葬礼仪制度，被称为"京畿规制"。它专指唐代陕西关中一带的墓葬形制，墓主人的身份一般是皇室成员和王公大臣等。这一规制包括墓室结构和壁画配置方式两部分。墓室结构一般是由斜坡道、过洞、天井、小龛、甬道和平面呈弧形或方形的穹隆顶墓室组成。这种墓葬结构与壁画配置方式是对皇家宫苑和贵族府邸宅院的一种模拟，这样的现象与唐代"号墓为陵"的制度有关，"号墓为陵"使得壁画墓的等级提高，皇家生活由此而大面积进入墓室壁画（图3-6、图3-7）。

二、河南墓室壁画遗存

河南是陆路丝绸之路的重要地区，洛阳与长安在汉代被称作"两京"，从历史贡献看，洛阳其实也应当看作是丝绸之路的出发地。与其他地区比较，河南的墓室壁画各代都有丰富的遗存发现，比较突出的是汉代与北宋时期。

第一，河南的汉代墓室壁画遗存。

图3-5　侍女图　陕西省彬县
五代冯晖墓　公元985年
（采自徐光冀主编《中国出土壁画全集7》，科学出版社2012年）

 第三章 丝绸之路中部墓室壁画

图 3-6 门阙建筑图 陕西礼泉县烟霞镇韦贵妃墓 公元 667 年
（采自徐光冀主编《中国出土壁画全集 6》，科学出版社 2012 年）

图 3-7 狩猎出行图 陕西乾县乾陵
章怀太子墓 公元 706 年
（采自徐光冀主编《中国出土壁画全集 7》，
科学出版社 2012 年）

河南的汉代墓室壁画具有重要地位，从整体上看有这样三个特征：其一，时间早，河南永城芒砀山柿园梁王墓是中国最早发现的西汉前期壁画墓之一。其二，数量大，而且是汉画像石和汉墓壁画的遗存分布重镇，其代表就是南阳汉画像石和洛阳汉墓壁画，两地汉画名满天下。其三，品种全，汉画的主要类型汉画像石、汉画像砖和汉墓壁画都在河南有广泛分布。其四，大墓、高品质墓特别多，如汉画像石墓和汉墓壁画比较早的遗存都在河南出现，南阳唐河针织厂汉画像石墓为我国早期汉画像石墓，河南永城芒砀山西汉梁王壁画墓则为现存最早的汉壁画墓之一。具体看，汉墓壁画、汉画像石和汉画像砖有以下遗存分布面貌（图 3-8）。

1. 河南的汉墓壁画

从遗存分布看，洛阳为最突出的地方。宿白这样评价："洛阳汉墓壁画，时代之早、数量之多、艺术之高为国内所罕见。"①

从墓葬的下葬年代看，洛阳地区汉墓壁画可以分为三个时期：第一个时期，西汉后期。早期的 4 座壁画墓受到很大的关注，即：1957 年发掘的洛阳烧沟 61 号壁画墓，1976 年发现的洛

---

① 宿白：《洛阳汉墓壁画·序》，文物出版社，1996 年，第 3 页。

图 3-8 青龙图 河南永城芒砀山西汉梁王壁画墓 西汉
(采自徐光冀主编《中国出土壁画全集5》,科学出版社 2012 年)

图3-9　卜千秋夫妇升仙图　洛阳市烧沟村西卜千秋墓　西汉
（采自徐光冀主编《中国出土壁画全集5》，科学出版社2012年）

阳卜千秋墓，1992年清理的洛阳浅井头壁画墓，以及据传1916年出土，现藏美国波士顿的洛阳"八里台"壁画墓（图3-9～图3-11）。

第二个时期，新莽至东汉前期。这一时期主要遗存有：1978年和1983年在洛阳金谷园发现的新莽时期壁画墓和东汉壁画墓，1984年发掘的洛阳新安县铁塔山壁画墓，1987年发现的洛阳北郊石油站东汉壁画墓，1991年发现的洛阳偃师高龙乡辛村新莽壁画墓，以及2003年发现的洛阳伊屯新莽壁画墓等。其中以金谷园新莽壁画墓最具代表，该墓因为出土了几枚王莽所铸货币，被定为新莽时期墓葬。这座壁画墓模仿地上建筑，彩绘柱架、斗拱、门窗一应俱全。虽然其前室壁画大部脱落，但后部壁画保存较好，以传统神灵为主，依照方位精心安排。该墓壁画设色艳丽，红色占据主要位置，画风流畅而遒劲，在洛阳地区墓室绘画中属于上乘之作。比如绘于该墓后室东壁南壁的"东方句芒图"，不仅用鲜艳的大色块进行着色，而且还注意用流畅线条勾勒，表现出了高超艺术水准，某种程度上也体现了墓主人所拥有的社会地位（图3-12、图3-13）。

第三章　丝绸之路中部墓室壁画

图 3-10　月亮、女娲图　洛阳西郊浅井头汉墓　西汉
（采自洛阳市文物管理局等《洛阳古代墓葬壁画》，中州古籍出版社 2010 年）

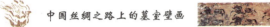

图 3-11 人物图(局部)洛阳八里台西汉壁画墓 西汉
(采自洛阳市文物管理局等《洛阳古代墓葬壁画》,中州古籍出版社 2010 年)

 第三章 丝绸之路中部墓室壁画

图 3-12 东方句芒图 洛阳市金谷园村汉墓 新莽
（采自徐光冀主编《中国出土壁画全集 5》，科学出版社 2012 年）

  第三个时期：东汉晚期。这一时期的重要发掘成果有：1981 年清理的洛阳西工壁画墓，1984 年发现的偃师杏园村壁画墓，1990—1991 年发现的洛阳东郊机车工厂壁画墓，1991 年清理的洛阳朱村壁画墓，1992 年清理的洛阳第 3850 号壁画墓。这一时期的壁画墓在内容和风格上已经表现出与前期的不同，有了明显的世俗特征，表现出向汉画像石靠拢的走向（图 3-14）。

图3-13 藻井日象图 洛阳市金谷园村汉墓 新莽
（采自徐光冀主编《中国出土壁画全集5》，科学出版社2012年）

 第三章 丝绸之路中部墓室壁画

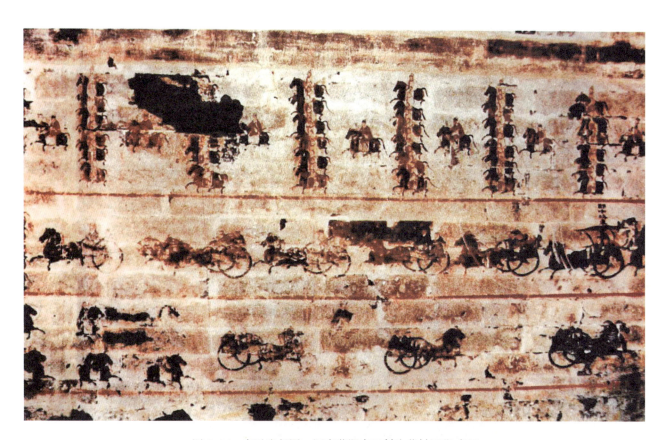

图 3-14　车马出行图　河南荥阳市王村乡苌村汉墓 东汉
（采自徐光冀主编《中国出土壁画全集 5》，科学出版社 2012 年）

2. 河南的汉画像石

河南是我国出土汉画像石最集中的区域之一。据统计，在全省半数以上地区有汉画像石遗存发现，其中以南阳汉画像石最为著名。其一，南阳汉画像石遗存丰富。20世纪80年代，南阳当地文物部门曾有普查活动，南阳汉画馆搜集汉画像石达到2 000多块。其二，南阳汉画像石研究成就突出。1930年，河南省立博物馆馆长关百益编成《南阳汉画像集》，是我国第一部大型的南阳汉画像石图录，书中收录了汉画像石拓片145幅。鲁迅在20世纪初就已重视南阳汉画像石的搜集和研究，辑有《汉画像目录》，收集南阳汉画像石拓片142幅。2015年，由牛天伟等主编的十卷本《中国南阳汉画像石大全》，第一次全面、系统地将南阳汉画馆馆藏画像石的整体风貌呈现于世人面前。此外，刘克的《南阳汉画像与生态民俗》与杨运秀的《南阳汉画像与汉代经济研究》是研究南阳汉画民俗和经济的力著。其三，南阳汉画像石雕刻技法突出。主要有这样四种技法：平面阴线刻，凹面阴线刻，剔地浅浮雕，横竖线衬底浅浮雕。"这四种雕刻方法有一个共同特点，就是形象概括、古朴豪放，求整体生动，而不拘泥于细节刻画。"（图3-15、图3-16）①

图3-15　车、马、人物图　河南密县打虎亭汉墓　东汉
（采自王建中主编《中国画像石全集6》，河南美术出版社2000年）

---

① 王儒林、李陈广：《南阳汉画像石》，河南美术出版社，1989年，第19页。

3. 河南的汉画像砖

河南地区是出土汉画像砖比较集中的地区，全省一半以上地区都发现了汉画像砖墓，主要分布于洛阳、郑州、南阳三大中心圈。这三个地区都有自己的特色：其一，洛阳地区。该地画像砖大都是空心大砖，年代"上限不超过西汉武帝，下限不超过新莽"①。洛阳画像砖的艺术风格很独特，均为阴线刻画，很难找到它与关中地区秦、西汉前期的画像砖之间的联系，也看不出它与郑州战国晚期画像砖的联系。其二，郑州地区。该地画像砖也以空心砖为主，时间从西汉晚期至东汉早期。形制上看，都用一种或几种小模重复地在砖坯上密集地印模，有时还出现前模压后模的重叠现象。郑州画像砖内容上有一个特别的意义，就是将大量贵族生活和神话传说引入画像砖之中。再有，郑州画像砖中出现了最早的西王母、东王公形象。郑州画像砖中，以密县和禹县的阳线刻最有特色。其三，南阳地区。该地画像砖时间为东汉中期至东汉晚期，并且画像砖形制主要

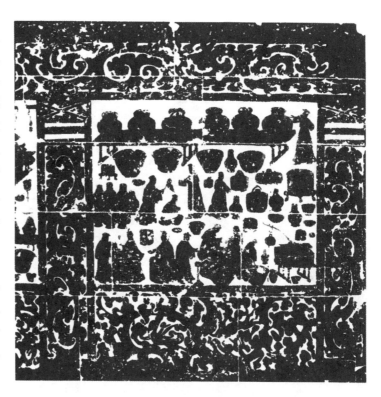

图 3-16　酿酒图 河南密县打虎亭汉墓 东汉
（采自王建中主编《中国画像石全集6》，河南美术出版社 2000 年）

---

①　黄明兰：《洛阳汉画像砖》，河南美术出版社，1986年，第3页。

有两种类型，一是空心画像砖，另一种是实心长方形画像砖。因为时代较晚，画像砖题材更加丰富（图3-17）。

图3-17　河南新野樊集画像砖M25墓东门柱、门楣　东汉
（采自赵成甫《新野樊集汉画像砖墓》，《考古学报》1990年第4期）

第二，河南的北宋墓室壁画遗存。

从考古发掘成果看，目前发现的宋代壁画墓大约80多座，在山东、甘肃、四川、陕西、河北、湖南、江西、福建等地都有宋代壁画墓的发现。北宋时期壁画墓伴随着全国性的政权而具有全国性，到了半壁江山的南宋时期，壁画墓则只分布于江西和福建地区了。我们常常说的宋代壁画墓分布，其实主要是指北宋时期。

北宋壁画墓主要分布在三个地区，第一分布区是宋代壁画墓分布最密集的一个区域，不仅墓室壁画的质量较高，而且数量也较多，包括宋代京东路、京西路、开封府组成的广大区域。主要的发现地点有今河南的登封、开封、郑州、洛阳、禹州，山东的济南、烟台，湖北的随县等地。第二分布区处于中原与北方少数民族之间的交界处，是中原和北部的主要缓冲地带，由宋代的河北路、河东路、陕西路组成，大致相当于现在河南、河北、陕西、山西、甘肃的大部分地区。这一地区壁画墓的主要发现地点有：河南省的安阳，河北省的井陉、曲阳，山西省的潞城、平定，陕西省的洛川，甘肃省的陇西等。第三分布区的墓室壁画内容、风格和中原地区的墓室壁画有着很大的区

图 3-18 四洲大圣渡翁婆图 河南新密市平陌村宋墓 北宋
（采自王建中主编《中国出土壁画全集5》，科学出版社2012年）

别，大多修建于南宋时期，以宋代福建路尤溪为中心，主要发现地点在今福建省的尤溪县①。北宋的三个分布地区，两个都与河南相关，这样的分布状态说明了北宋时期河南地区在墓室壁画分布上的重要性（图3-18、图3-19）。

与唐代壁画墓的墓主人身份相比，宋代壁画墓的等级较低，墓主人多为社会中下层的地主或商人。此时墓葬最突出的特点是砖雕壁画的大量出现，主要题材包括仿木建筑、

---

① 牛加明：《宋代墓室壁画研究》，华南师范大学硕士学位论文，2004年。

家具陈设、墓主人像、启门图、备侍图、乐舞杂剧、门吏武士、鞍马轿舆、升仙及祥瑞、孝子故事等①。从河南地区壁画墓遗存看，宋代壁画墓图像题材主要有三个类型：墓主人生前的日常生活场景，宇宙天象和引魂升仙的天象神瑞场景，宣扬儒家伦理道德的孝行故事。另外，受世俗化的影响，几何、花卉等装饰性图案也比较丰富（图3-20、图3-21）。

三、山西墓室壁画遗存

山西是陆路丝绸之路的一个重要地区，这一地位有历史原因，大同、太原等历史上或为少数民族政权所在地，或为中原政权的边关重镇。从壁画墓遗存看，南北朝时期、唐代、金代和元代是四个重要时期。

图3-19　夫妇对坐图　河南禹州市白沙
北宋赵大翁墓　公元1099年
（采自徐光冀主编《中国出土壁画全集5》，科学出版社2012年）

---

① 赵明星：《宋代仿木构墓葬形制研究》，吉林大学硕士学位论文，2004年。

 第三章 丝绸之路中部墓室壁画

图 3-20 升仙图 河南新密市平陌村宋墓 北宋
（采自徐光冀主编《中国出土壁画全集 5》，科学出版社 2012 年）

图 3-21　丁兰行孝图　河南登封高村宋墓　北宋
（采自徐光冀主编《中国出土壁画全集 5》，科学出版社 2012 年）

南北朝时期，北魏政权在平城（今山西大同）建都，从公元 398 年到公元 493 年，约百年时间。太原在北齐时，有副都之称。这样的地位使得这一地区墓室壁画繁荣发展，北魏时有"平城模式"之说，娄叡墓、徐显秀墓等大型壁画墓也出现在这一地区（图 3-22、图 3-23）。

第三章 丝绸之路中部墓室壁画

图 3-22 出行图 山西太原南郊王郭村北齐娄叡墓 公元 570 年
（采自徐光冀主编《中国出土壁画全集 2》，科学出版社 2012 年）

中国丝绸之路上的墓室壁画

图 3-23　夫妇并坐图　山西太原王家峰村北齐徐显秀墓　公元 571 年
（采自徐光冀主编《中国出土壁画全集 2》，科学出版社 2012 年）

 第三章 丝绸之路中部墓室壁画

唐代时期，山西的太原、大同仍为边关重镇，为壁画墓发展提供了条件。太原地区唐代壁画墓已有发掘报告的逾 10 座，主要集中在太原晋源区的金胜村，即金胜村第 4 号墓、第 5 号墓、第 6 号墓，金胜村焦化厂墓、金胜村 337 号墓。另外，还有太原晋源镇果树场的温神智墓、太原河西区董茹庄赵澄墓和万荣县唐睿宗女婿薛儆墓。从整体面貌看，山西地区的唐代壁画墓在等级和规模上都逊色于京畿地区，地域特色上也逊色于西域地区，但地域特色还是非常清晰的：其一，山西地区离京畿地区不远，尚处于"京畿规制"辐射的范围之中。其二，外来文化影响比较明显，比如受到佛教图像影响，装饰性图像增多等，这个现象在京畿地区比较少见（图 3-24、图 3-25）。

金代时期，山西壁画墓再次成为全国重镇。金墓最为集中的三个区域为金源地区、辽故地和北宋故地、山西在第三区域的北宋故地，而金代壁画墓最集中地就是第三区域。山西侯马金代董氏墓、侯马 M104 号金代砖雕壁画墓、山西大同金代阎德源壁画墓、山西大同南郊金代壁画墓、山西定平金代壁画墓、山西闻喜县金代砖雕壁画墓、山西长子县石哲金代壁画墓、山西屯留宋村金代壁画墓、山西长治安昌金墓、山西长治故漳金代纪年墓等，都是这一时期壁画墓的典型代表。这些壁画墓形制几乎都是仿木结构的单室墓，其中平面形状以六角形或八角形的最多，其次是方形、长方形和圆形，这种形制正是北宋时期所常见的，体现出中原文化的巨大影响。此外，在晋南地区，几乎每座金墓都有或繁或简的彩绘和砖雕，说明这种模式在这一地区已经定型（图 3-26）。

元代时期，山西地区的壁画墓在数量上位居全国前列。元代山西地区有纪年的壁画墓比较多，分别是：至元二年（1265）的大同西郊宋家庄冯道真墓，至元十六年（1279）的山西新绛吴岭庄元墓，建于元大德元年岁次丁酉十一月初一日（1297）的山西梁家庄元墓以及同年建成的山西孝义下吐京元墓，元大德二年（1298）山西大同齿轮厂元墓，元大德十一年（1307）山西长治捉马村 M2 号元墓，以及元代仁宗延祐七年（1320）山西太原市瓦窑村元墓。元代山西地区没有确切纪年的壁画墓也很多，而且图像

总论卷

图 3-24 侍奉图 山西太原焦化厂唐墓 武周
(采自徐光冀主编《中国出土壁画全集 2》,科学出版社 2012 年)

第三章 丝绸之路中部墓室壁画

图 3-25 青龙、人物图 山西太原焦化厂唐墓 武周
（采自徐光冀主编《中国出土壁画全集 2》，科学出版社 2012 年）

内容丰富,遗存保存良好,主要有:1984年10月发掘的山西长治郝家庄元墓,1986年8月清理发掘的山西运城西里庄元代壁画墓,1998年5月发现的山西岚县丁家沟元代砖室壁画墓、山西文水北峪口元墓、山西平定县东回村元墓等。从目前的考古成果看,山西地区元代的墓室壁画遗存约有二十余座。山西地区元代墓室壁画数量多,保存好,与其闭塞的社会环境和比较干燥的自然环境有关,这些遗存弥足珍贵(图3-27、图3-28)。

图 3-26 山西汾阳县北郊 5 号墓(墓室北壁)金代
(采自徐光冀主编《中国出土壁画全集2》,科学出版社2012年)

 第三章　丝绸之路中部墓室壁画

图3-27　侍女备酒图　山西屯留县康庄村2号元墓　公元1276年
（采自徐光冀主编《中国出土壁画全集2》，科学出版社2012年）

总论卷

图 3-28 杂剧图 山西运城市西里庄元墓 元代
(采自徐光冀主编《中国出土壁画全集2》,科学出版社 2012 年)

第二节　中部墓室壁画艺术特征

中国境内的丝绸之路上西安地区和洛阳地区地位特殊，这里是丝绸之路的起点，同时也在很长时间里承担着政治中心的功能，有着强大的文化辐射力。就墓室壁画而言，这里不仅是墓室壁画最早出现的地区，也是壁画墓遗存最为丰富的地区，有着得天独厚的墓葬图像积淀。因此，中部地区墓室壁画在中原文化的影响下形成了两京图像体系的艺术特征，突出了主流图像的全面表现。具体看，主要有以下两个方面的表现。

一、中央集权意志突出主流图像特征

两京图像主要分布在今天的陕西和河南两省，在我国的上古和中古时期，这里是全国的政治中心之一，这一点反映在图像体系上就是中央集权意志表现得十分突出。

首先，等级制度决定了壁画墓的地理分布。我们始终认为壁画墓是一种非普遍性的墓葬形式，一方面，它的分布范围有选择，最初只在王侯的封地存在；另一方面，它在地理分布上不具有连贯性，整体看是一种跳跃性的分布形态。"它是少数人选择的一个墓葬类型和墓葬绘画形式。"[1] 这一点在两京地区表现得特别突出，这里是王侯墓葬集中地，也是壁画墓数量最多的地区，汉唐两代的壁画墓遗存几乎一半出现在这一地区，特别是大型壁画墓，这里普遍存在，唐代"号墓为陵"的壁画墓几乎都存在于这一地区。这一现象，是等级制度使之然（图3-29、图3-30）。

---

[1] 汪小洋：《汉墓壁画的宗教信仰与图像表现》，上海古籍出版社，2012年，第77-78页。

中国丝绸之路上的墓室壁画

图 3-29　甲胄仪卫图（摹本）陕西礼泉县烟霞镇长乐公主墓　公元 643 年
（采自徐光冀主编《中国出土壁画全集 6》，科学出版社 2012 年）

 第三章 丝绸之路中部墓室壁画

图 3-30 奏乐图 陕西礼泉县烟霞镇昭陵陪葬墓燕妃墓 公元 672 年
（采自徐光冀主编《中国出土壁画全集 6》，科学出版社 2012 年）

其次，政治影响力决定壁画墓的影响。南宋之前，依托于中央集权所在地的优势，两京地区壁画墓数量多，同时也形成了巨大的影响，墓室壁画发展中的许多重要现象也都是形成于这一时期。西汉永城芒山柿园壁画墓，是我国最早的壁画墓之一。北魏由平城迁都洛阳后，壁画墓的遗存大大增加，这些壁画墓继承了汉代风格并有所发展，出现了影响颇大的"洛阳模式"。之后，唐代的"京畿模式"更是形成了引领全国风气的面貌。从现有遗存看，唐代的壁画墓有80%出现在关中地区，这里是李氏王朝的帝王、皇亲国戚、文武重臣的墓葬集中地，"京畿模式"可谓是应运而生。南宋开始，壁画墓的面貌有了变化，随着政治中心的转移，两京壁画墓的影响趋向式微，许多重要的壁画墓现象都出现于其他地区，比如宋代的世俗壁画大墓、辽金的少数民族壁画大墓，它们都离开了两京地区。由于世俗社会对经济发展的要求已经达到了前所未有的新高度，墓室壁画图像的世俗化走向开始加强，中央集权的政治影响力呈现弱化趋势。

二、政治中心带来丰富的主流图像

政治中心有着庞大的政治体系，反映在墓室壁画的图像上就形成了一些与帝国政治结构、政治要求相联系的特征，其中突出的一点就是与等级制度对应的完整性要求，并因此而在图像丰富性上突出表现出主流特征。

首先，形制上具有完整的图像分布。帝国政治有着完整的政治结构，这一结构对社会生活的各个方面都有着完整性的规定和要求。这一点在两京壁画墓上有直接体现，完整性成为一个重要标志。我们梳理壁画墓遗存后可以发现，两京体系的图像在形制上都有一个共同的形制特点，这就是墓室内的图像分布完整，墓道、墓门、甬道、墓室，乃至墓室的四壁、顶部、相关的横梁，这些地方都有图像分布；同时，这些图像往往也有着相对固定的叙事主题，并因此将图像布满整个墓室（图3-31）。

其次，题材上具有类型化的完整性。帝国政治对帝国的现实生活有着全面覆盖，方方面面都有着具体的要求，这一特征也反映在题材的组织和表现上，也就是我们可以从图像体系中感受到题材在类型上具有完整性。在壁画墓中,重生信仰指导下的长生活动一般都有告别此岸、两个世界交接和到达彼岸这样三个阶段,对应着墓道、墓门和墓室。壁画墓不论大小,基本上都有着这样三个阶段的图像内容。墓道表现的是墓主人离开此岸的过程,汉代是车马类图像比较多,唐代加上了仪仗图像的内容;墓门为两个世界的跨越,这是一个生命转化的时刻,此岸的经验往往不能说明问题,因此神灵类图像比较多;墓室内的图像则为到达彼岸后的期待,这是一个以此岸经验而构造彼岸存在的宗教体验,因此现实生活场景成为主要内容。这三个阶段有着清晰的逻辑关系,形成了反映重生信仰的三类题材;同时,作为中上阶层的墓葬建筑,壁画墓的高规格也为这样的完整性提供了形制上的准备。三个阶段构成的类型化题材,可以覆盖墓主人重生的所有过程,在壁画墓这个特殊的结构中以一种按部就班的方式结合而形成一个完整的表现结构,各

图3-31 中室甬道券顶壁画 河南新密市打虎亭村西2号墓 东汉
(采自徐光冀主编《中国出土壁画全集5》,科学出版社2012年)

类题材都可以在壁画墓中被涉及。这一特征在汉唐最为突出，宋代之后就不那么明显了，由于世俗化的趋势，许多墓葬在形制上可以表现出完整性，但题材上则未必全面了，一座壁画墓可能有一些突出的图像表现，或重点表现，但不一定是面面俱到的图像表现。

再次，大墓带来的符号化叙事结构。壁画墓是中上阶层的墓葬建筑，高规格带来了宏大的叙事要求，由此带来了丰富的图像。这个方面，符号化叙事是一个需要特别关注的特征。一方面，符号化叙事可以大大增加图像容量。汉画的兴盛就是借助于符号化叙事，墓主人的重生要求在符号化的图像中得到满足。我们曾经这样认识汉画像石："有了统一神的政治环境，汉代的宗教表现出由血缘宗教向地缘宗教的面貌。这样的宗教，自然是'他传'的传播形式，可以成为一个抽象的符号。比如西王母信仰，它代表着长生不老，传播的途径完全是'他传'。"[①] 另一方面，壁画墓墓主人青睐主流社会的神灵。传说三皇之一的颛顼实行"绝地天通"宗教改革，之后神灵体系的解释和运行就开始由统治者来掌握了。秦以后，日益完整的等级制度更使得神灵体系倾向于统治阶级，这对统治者之外的信徒是一种无形的限制。我们看汉画像石的图像，题材虽然很丰富，但在神灵的表现上则明显感到存在着西王母一神独大的现象。西王母身边有伏羲、女娲这样的神灵，但更多的是史籍记载不多，甚至是新出现的仙人，这是西王母可以帮助汉人长生使然，同时也是其他神灵受等级制度的限制而缺少出现的机会使然。壁画墓就没有这样的问题，墓主人从帝国政治中获得享受神灵帮助的特权，这使得神灵的象征性可以得到充分的表现，因此在壁画墓中，主流社会的神灵普遍出现，形成了依托于传统神灵的符号化叙事结构，在对彼岸期待中带来了政治中心的影响。同时，等级制度本体带来了大场面要求，汉唐都有这样的突出图像，特别是唐代"号墓为陵"的壁画墓中，墓道中浩浩荡荡的仪仗队表现出了政治中心的影响，大墓也成为一种符号（图3-32、图3-33）。

---

① 汪小洋：《汉画像石宗教思想研究》，天津美术出版社，2004年，第25页。

第三章　丝绸之路中部墓室壁画

图3-32　仪仗图（墓道西壁末段）　陕西乾陵懿德太子墓 公元706年
（采自徐光冀主编《中国出土壁画全集7》，科学出版社2012年）

图3-33　仪仗图（墓道西壁中段）　陕西乾陵懿德太子墓 公元706年
（采自徐光冀主编《中国出土壁画全集7》，科学出版社2012年）

总论卷

第四章 丝绸之路东部墓室壁画

第四章 丝绸之路东部墓室壁画

中国境内丝绸之路的西部、中部和东部三个墓室壁画分布区中,东部地区是海上丝绸之路色彩最为浓郁的地区。这里南北走向,面朝大海,相对于中原地区和西部地区,东部地区有着更加开放的文化积淀。特别值得注意的是,在漫漫历史长河中,丝绸之路的东部地区跨越了黄河和长江两大流域,在这得天独厚的地理条件下,多元文化共生,主流文化全面覆盖,同时又地域文化特色鲜明。

很长时间内,人们都是关心丝绸之路向西去的方向,那是一条陆上丝绸之路,其实海上丝绸之路也是丝绸之路的主要路线。海上丝绸之路的起始时间与陆上丝绸之路基本同时。在之后漫长的岁月中,汉唐时期繁荣景象出现在陆上丝绸之路上,但宋元后则因为造船技术的发展和经济中心的南移,海上丝绸之路成为一条繁荣的商贸大道。海上丝绸之路的繁荣,突出了丝绸之路东部地区的重要性。

用当代行政区划来梳理,丝绸之路的东部图像体系主要覆盖五个地区,即:山东省、江苏省、浙江省、福建省和广东省。

第一节 东部墓室壁画遗存面貌

东部墓室壁画的五个省份中,山东地区和江苏地区都是墓室壁画遗存非常丰富的地区,特别是这两个地区的汉画像石普遍存在,可以与河南、陕西、四川相媲美。东部的浙江、福建和广东地区的墓室壁画遗存数量不大,但有自己的特点:浙江有一些特殊的地域题材,福建在南宋时期维持半壁江山,广东则是最早出现墓室壁画的地区之一。

一、山东墓室壁画遗存

山东地区是我国墓室壁画的重镇,遗存数量较大,内容也十分丰富。从考古成果看,有两个特点非常直观:其一,时间跨度大。壁画墓出现的时间很早,西汉中期就已

出现;壁画墓结束的时间很晚,山东济南新区埠东村清末壁画墓时间为清光绪三十三年(1907),这是我国最晚的一批墓室壁画。这样算来,前后延续有两千多年,山东地区也因此成为中国墓室壁画发展时间最长的地区之一。其二,墓室壁画的类型全而品质高。中国墓室壁画形制上的帛画、画像石、画像砖、彩绘壁画等类型,山东地区都有遗存发现,而且出现了许多代表性的壁画墓,比如闻名中外的武梁祠汉画像石、沂南汉画像石和临沂金雀山汉墓等。

目前,山东地区发现各类壁画墓100多座。从地域角度看,因为画像石的普遍存在,山东各地都有壁画墓遗存发现,其中遗存最多的是济南市,有40多座遗存。从时间角度看,汉代和元代是壁画墓遗存被发现最多的朝代,汉代有50多座,元代有20多座。因此,汉代和元代是我们重点关注的时期。

(一)汉代墓室壁画遗存梳理

1. 汉画像石遗存

山东是汉画像石大省,全省一半以上的县、市都有汉画像石遗存发现,其中汉昭帝时期元凤年间的凤凰刻石、汉成帝河平三年麃孝禹刻石上的立鹤画像,还有肥城北大留带有五铢钱的西汉刻石被发现,说明西汉中晚期山东地区就已经有了画像石。全省范围内,两大区域发现汉画像石数量最多,即济宁、枣庄地区和临沂、潍坊、济南地区。在县级单位中,滕县、嘉祥县、邹县、微山县等发现汉画像石最多。从墓葬建筑的规模看,地下墓葬中,沂南北寨村和安丘董家庄规模最大;地面石室中,孝堂山石室和武氏石室规模最大(图4-1~图4-3)。

从时间角度看,山东汉画像石在东汉的发展可以分为三个时期。东汉早期,山东地区汉画像石广泛用于墓室、祠堂、阙、碑上,其数量约占两汉出土量的四分之一,题材内容和雕刻技法也比较丰富。东汉中晚期,汉画像石进入鼎盛时期,题材内容包罗万象,技法更加成熟,墓葬规模宏大,艺术水平达到很高水准。这一时期的发掘成果也最为丰富,超过两汉出土总数的一半。东汉末年,汉画像石急剧衰落下去,考古成果也大

第四章　丝绸之路东部墓室壁画

图 4-1　山东安丘董家庄汉画像
　　　　石墓前室 汉代
（采自杨道明等编《中国美术全集·
　建筑艺术编 2·陵墓建筑》，
　　人民美术出版社 1988 年）

图 4-2　孝堂山石祠遗存地面
　　　　远景 东汉初年
（采自吴增祥《孝堂山地面屋觅迹》，
　《走向世界》2009 年第 16 期）

图 4-3 孝堂山石祠 东汉初年
（采自杨道明等编《中国美术全集·建筑艺术编 2·陵墓建筑》，
人民美术出版社 1988 年）

不如前。

2. 汉墓壁画和汉帛画墓

汉墓壁画是山东地区重要的遗存类型，目前共发现 5 座，即：东平县物资局 1 号、12 号、13 号壁画墓，济南青龙山汉壁画墓，以及山东梁山县后银山汉墓等。其中，东平县物资局 1 号壁画墓出土一幅高士图，有学者认为是"孔子见老子图"。孔子图像在汉画像石中普遍存在，但在汉墓壁画中却是少见。不过，这样的判断还存在争议。

汉帛画墓也是一个重要内容，目前考古发现共 5 座。帛画墓在西汉前期即已存在，但数量不多，山东发现 5 座成为一个值得关注的现象。这些帛画墓都在临沂地区，考古编号是山东临沂金雀山 4 号、9 号、13 号、14 号、31 号汉墓。其中最引人关注的是金雀山 9 号汉墓，该墓发掘一幅画面完整的帛画，帛画以红色细线勾勒，平涂设色，画面上部绘云气、天空、日月等自然场景，画面中部帷幕的画面中描绘了墓主人生前的日常生活，这幅帛画是继马王堆一、三号墓的帛画之后又一重要发现①（图 4-4）。

（二）元代墓室壁画遗存梳理

元代山东地区的壁画墓在出土数量上与山西地区不相上下，并继承了宋金时期的

---

① 临沂金雀山汉墓发掘组：《山东临沂金雀山九号汉墓发掘简报》，《文物》1977 年第 11 期。

墓葬形制，形成了自己的鲜明特色。这些壁画墓，墓门前多数置有斜坡墓道，墓室内壁多砌有仿木结构建筑以及砖雕家具器物等，砖雕和壁画两种墓壁装饰形式相结合，使得墓室装饰内容更加丰富。

山东的元代壁画墓分布比较集中，主要分布在鲁西北和鲁中南地区。这些壁画墓中，济南出土数量最多，其次是章丘、临淄等地。山东地区元代壁画墓的墓葬形制主要有两种：一种是穹窿顶的圆形单室墓，这类壁画墓数量多；一种是方形和长方形墓葬形制，这类壁画墓数量较少。这些壁画墓中，有一些特点突出：济南历城区郭店镇一号墓有确切纪年，为元代至正十年（1350）；临淄大武村元墓为夫妻合葬墓，分别葬于至正十七年（1357）和至正二十四年（1364）；济南千佛山清理的一座元代壁画墓，形制为仿木结构的砖砌双室墓，是山东地区发现的为数不多的双室墓之一（图4-5、图4-6）。

二、江苏墓室壁画遗存

江苏也是我国墓室壁画的大省，数量大，类型多。从目前的考古成果看，江苏的墓室壁画遗存集中于汉代和魏晋南北朝时期，这是江苏墓室壁画的一大特点。因为其他时期的墓室壁画数

图4-4　汉墓帛画　金雀山9号汉墓出土　西汉前期

（采自金维诺主编《中国美术全集2·绘画编》，人民美术出版社2006年）

图 4-5 墓室西壁壁画 济南历城区郭店镇一号元墓 公元 1350 年
(采自徐光冀主编《中国出土壁画全集 4》,科学出版社 2012 年)

第四章 丝绸之路东部墓室壁画

图 4-6 供奉龛 淄博临淄区大武村元墓 元代
（采自徐光冀主编《中国出土壁画全集 4》，科学出版社 2012 年）

中国丝绸之路上的墓室壁画

图 4-7　孔望山摩崖造像全景图　东汉
（采自苏中保主编《海州石刻》，新疆人民出版社 2004 年）

量相对较少，这里主要描述汉代和魏晋南北朝的墓室壁画。

（一）汉代墓室壁画遗存梳理

江苏汉画像石多分布于苏北地区，其中又主要分布于徐州地区。汉武帝时设十三州部，徐州设徐州刺史部，辖楚国、临淮郡、广陵国、泗水国、东海郡、鲁国、琅邪郡等地，因此在地理形势上与鲁南连成一片，汉画像石的风格也由此而与山东南部相近。从遗存风格看，苏北地区的汉画像石刻都经过加工琢平，多数还在表面磨光。目前可以归纳的雕刻技法主要有四种：第一种，阴线刻；第二种，平面浅浮雕；第三种，凸面浅浮雕；第四种，圆雕或透雕。① 因为孔望山摩崖造像有早期佛教图像遗存，20 世纪 80 年代后受到各方面的关注（图 4-7～图 4-9）。

信立祥认为江苏汉画像石的整体分布有这样的走向："按其分布的密集程度，大体可划分为三个分布圈。"② 具体如下：中心分布圈是徐州市及其周围的铜山、睢宁、新沂、邳州、沛县等市县，画像石分布最为密集，有著名的楼山墓、九女墩墓、洪楼墓、

图 4-8　门亭长图 孔望山摩崖造像 东汉
（采自苏中保主编《海州石刻》，
新疆人民出版社 2004 年）

图 4-9　涅槃图 孔望山摩崖造像 东汉
（采自苏中保主编《海州石刻》，
新疆人民出版社 2004 年）

---

① 参见汪小洋主编：《中国墓室绘画研究》，上海大学出版社，2010 年，第 40 页。
② 信立祥主编：《中国画像石全集 4·苏、皖、浙地区汉画像石综述》，山东美术出版社，2000 年，第 1 页。

图 4-10　车马出行图　江苏徐州佛山画像石墓　东汉
（采自耿连军《江苏徐州佛山画像石墓》，《文物》2006 年第 1 期）

图 4-11　庖厨、宴饮图　睢宁县张圩征集　东汉
（采自俞伟超、汤池《中国画像石全集 4》，
山东美术出版社 2000 年）

"元嘉元年"缪宇墓、"嘉平四年"茅村墓等画像石墓和祠堂；第二个分布圈为中心分布圈的外围地区，主要有苏北的丰县、连云港、赣榆、东海、清江、宿迁、泗洪、泗阳、宝应、射阳，皖北的淮北、濉溪、宿县、亳县、萧县、定远、霍山等市县，此区汉画像石的分布虽不如徐州地区密集，但建宁四年（171年）胡元壬墓和祠堂、董园村曹操宗族墓、孔望山佛道教摩崖造像群等，或以其全新的画像内容，或以其特有的学术价值而为中外学者所瞩目；第三个分布圈远到长江以南，目前只在江苏的镇江、苏州等地有所发现（图 4-10、图 4-11）。

（二）魏晋南北朝墓室壁画遗存梳理

东汉以下，政治中心和经济中心都有南移的走向，这给江苏墓室壁画的发展带来了良好条件，也带来了新的面貌，这一时期的江苏画像砖表现突出。有学者认为:"中原墓葬壁画艺术的历史在两汉和南北朝之间有一个大的'断裂带'。从黄巾起义后,以画像石、画像砖和彩绘壁画装饰墓室、祠堂的风习在中原地区销声匿迹,大约200年之后墓葬壁画在北魏统治的中原地区逐渐复苏。"[1] 具体看,江苏地区六朝画像砖墓有两方面的贡献:其一,以大型砖拼壁画的形制继承了汉画像砖的传统,并由此而促进了我国墓室壁画的繁荣;其二,以画像砖的成就获得这一时期墓室壁画中心区的地位,并由此而将画像砖艺术推向了高峰。

江苏的六朝画像砖遗存集中于两个地区,一是六朝古都南京地区,一是丹阳地区,后者以齐梁时期墓葬为主。扬州和苏北的淮安等地,有少量画像砖墓发现。如果按照绘画载体分类,六朝的墓葬绘画主要可分为画像砖和漆画两大类。画像砖的工艺是模印砖画,这是一种独特的艺术形式,很早就引起了人们的重视,在南京、丹阳的很多大型墓葬中都有模印砖画的出土,其中最突出的就是"竹林七贤与荣启期"画像砖(图4-12、图4-13)。

图 4-12 石辟邪 陈武帝陈霸先万安陵 南朝
(采自南京市江宁区文化局《江宁文物》,江苏美术出版社2004年)

---

[1] 郑岩:《魏晋南北朝墓室壁画研究》,文物出版社,2002年,第171页。

中国丝绸之路上的墓室壁画

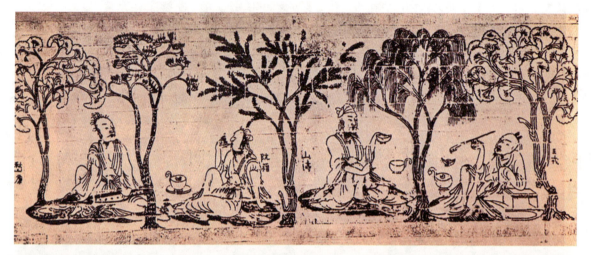

图 4-13　竹林七贤与荣启期　南京西善桥宫山墓　刘宋时期
（采自王子初主编《中国音乐文物大系·江苏卷》，大象出版社 1996 年）

纪年画像砖墓比较多也是江苏南北朝时期的特点，最早的纪年画像砖墓为东吴永安三年（260）江苏金坛县方麓墓，最晚的纪年画像砖墓为南朝陈宣帝太建八年（576）南京西善桥砖瓦厂南朝墓。多数纪年画像砖墓集中在东吴、两晋时期，这可能与当时风气有关，浙江地区也存在（图4-14～图4-16）。

图4-14 四神与麒麟图 南京将军山西晋M12墓 西晋

（采自南京市博物馆《南京将军山西晋墓发掘简报》，《文物》2008年第3期）

图4-15 铭文砖 六朝画像砖墓
(1. 天玺元年十五日作（《南京市雨花台区孙吴墓》，《考古》2013年第3期）；2. 太康四年柯君作壁（《江宁县秣陵公社发现西晋太康四年墓》，《文物》1973年第5期）；3. 大康六年八月十五日王氏（？）壁千年（《江苏南京邓府山吴墓和柳塘村西晋墓》，《考古》1992年第8期）；4. 天监十一年（《福建南安市皇冠山六朝墓群的发掘》，《考古》2014年第5期））

图 4-16 文字砖 浙江余杭小横山南朝 M1 墓出土 南朝
（采自杭州市文物考古研究所等《余杭小横山东晋南朝墓》，文物出版社 2013 年）

江苏墓室壁画还有一个特别的贡献，就是墓室壁画进入到帝陵。汉代是墓室壁画兴盛的一代，但墓室壁画并没有进入到帝陵，南北朝时期这一情况发生改变，帝陵中出现了墓室壁画。南朝的考古成果显示，南朝的帝陵壁画墓的数量比北朝多。具体看，这个贡献有两个直观特征：其一，地域集中在南京和丹阳一带。与北方帝陵不同，南朝几个政权多建都于建康，南朝的帝陵因此围绕于南京和附近的丹阳、句容及江宁一带。1949年以来，考古学者先后认定这一时期的帝王陵墓有32处。① 这些帝王陵墓中，可以作帝陵壁画墓讨论的有4座，丹阳3座，南京1座。丹阳古称南兰陵，是南朝萧齐发迹的地方，因此成为帝陵集中之地。丹阳有3座帝陵壁画墓，学术界没有大的异议。丹阳胡桥齐景帝萧道生的修安陵，1965年发掘，有大面积拼镶砖画。丹阳胡桥吴家村和建山金家村南齐大墓，1968年发掘，发掘报告认为："据朱孔阳《历代陵寝备考》考证，废帝东昏侯萧宝卷墓在丹阳县东约十六公里，其位置与建山金家村墓相当（只是方向略偏北一些），此墓可能即废帝萧宝卷之墓。而胡桥吴家村墓，或许就是文献上失载的和帝萧宝融恭安陵。这都有待进一步考订。"② 其二，"竹林七贤与荣启期"图像突出。从形制特征看，"竹林七贤与荣启期"成为帝陵壁画墓的一个图像标志。武翔认为："江苏六朝画像墓都为大中型墓，3米以下的小型墓不见，大中型墓因级别不同，画像砖规模也有不同，这正是六朝封建等级和礼制在墓葬中的反映，只有贵族王侯才有实力承担构筑画像砖墓的巨额花费。至于像'竹林七贤'这样的大幅拼嵌砖画，更是帝王才可享受的。因此今后我们分析六朝墓葬的级别时，也可把画像砖的规模列入评判标准。"③

三、浙江、福建、广东墓室壁画遗存

浙江、福建和广东三省的墓室壁画遗存数量不大，但在时代特色和地域特色上有着

---

① 董新林：《中国古代陵墓考古研究》，福建人民出版社，2005年，第182页。
② 南京博物院：《江苏丹阳胡桥、建山两座南朝墓葬》，《文物》1980年第2期。
③ 武翔：《江苏六朝画像砖研究》，《东南文化》1997年第1期。

自己的贡献。

(一) 浙江墓室壁画遗存

浙江墓室壁画的遗存不多,常常是零星发现。已发现的墓室壁画遗存主要集中在三个地区,即杭州市26座,湖州市3座,嘉兴市1座。东汉时期,海宁地区东汉画像石墓发掘比较早,学术界比较关注。六朝时期,画像砖墓有20余座发现,基本集中于杭州市的余杭地区(图4-17、图4-18)。

浙江地区的六朝画像砖墓受江苏地区的影响很大。余杭小横山南朝画像砖墓M109,墓室平面呈椭圆形,该墓题材内容丰富,尤其是大量的佛教和道教等题材出现在墓室中,这一做法可能是受到了南朝皇族和官僚士族提倡的三教融合和佛、道双修观念的影响①(图4-19)。

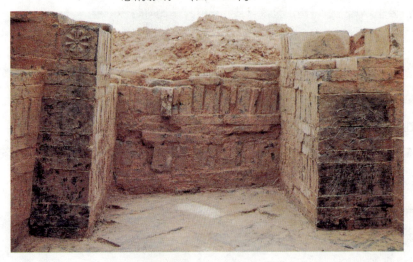

图 4-17　浙江余杭小横山南朝
M109 墓甬道 南朝
(采自杭州市文物考古研究所等《余杭小横山东晋南朝墓》,文物出版社2013年)

---

① 杭州市文物考古研究所、余杭博物馆:《浙江余杭小横山南朝画像砖墓M109发掘简报》,《文物》2013年第5期。

第四章 丝绸之路东部墓室壁画

图4-18 浙江余杭小横山南朝
M109墓东、西壁券门 南朝
（采自杭州市文物考古研究所等《余杭小横山东晋南朝墓》，文物出版社2013年）

图4-19 力士小龛图 余杭小横山南朝M107墓 南朝
（采自杭州市文物考古研究所等《余杭小横山东晋南朝墓》，文物出版社2013年）

中国丝绸之路上的墓室壁画

浙江临安所发掘的五代吴越文穆王钱元瓘元妃马氏的康陵，是迄今浙江省发现的壁画面积最大、保存最好的壁画墓。该墓的墓葬结构颇为复杂，室内满绘壁画，题材内容十分丰富，且使用了彩绘、浮雕、彩绘贴金相结合的方法，使得整座墓室显得富丽堂皇①（图4-20、图4-21）。

图4-20　十二辰像　浙江临安吴越国康陵　公元939年
（采自杭州市文物考古研究所等《五代吴越国康陵》，文物出版社2014年）

① 张玉兰：《浙江临安五代吴越国康陵发掘简报》，《文物》2000年第2期。

 第四章　丝绸之路东部墓室壁画

图 4-21　后室全景 浙江临安吴越国康陵 公元 939 年
（采自杭州市文物考古研究所等《五代吴越国康陵》，文物出版社 2014 年）

浙江地区在嘉兴发现 1 座明代壁画墓①。明代是墓室壁画的衰退期，全国遗存都很少，嘉兴明代壁画墓的发现有一定意义。这座壁画墓编号为 8 号墓，是平列券顶砖室墓四座中的一座。墓室东壁绘有人物图，为一官员打扮的人（应为墓主人）遇到两位仙人，旁边有水墨绘制的竹石图。西壁绘有两位老者目观瀑布，后壁绘有日月及云彩。墓室壁画升仙意味浓厚。

（二）福建墓室壁画遗存

福建墓室壁画的遗存数量不大，但在南方几省中数量还算比较多的，特别是六朝和宋元时期，福建的墓室壁画遗存在全国的分布中有着引人关注的地位。

福建地区的六朝画像砖墓共有 20 余座，其中比较集中的是闽北（南平有 11 座）、闽中（福州有 6 座）和闽南（泉州有 3 座）三地区。这些画像砖墓中，时间最早的是西晋永康元年（300）福建政和石屯凤凰山 31 号墓，其他画像砖墓基本出现在南朝中晚期。

这些遗存中，闽侯南屿南朝墓受到比较多的关注。该墓为中型券顶单室墓，除墓底和棺床用长方形素砖外，其余全用花纹砖，纹面朝向墓内。墓砖花纹多种多样、变化丰富是该墓的一大特点，其纹样以富于变化的莲花、忍冬、飞天、僧人等佛教题材为主，另有不少青龙、白虎和飞鹤等反映道教神仙思想的纹饰②。这一时期福建的画像砖墓明显受到南京影响，可以反映出当时南方文化中心的辐射力（图 4-22）。

---

① 朱伯谦：《浙江嘉善县发现宋墓及带壁画的明墓》，《文物参考资料》1954 年第 10 期。
② 王振镛：《福建闽侯南屿南朝墓》，《考古》1980 年第 1 期。

 第四章 丝绸之路东部墓室壁画

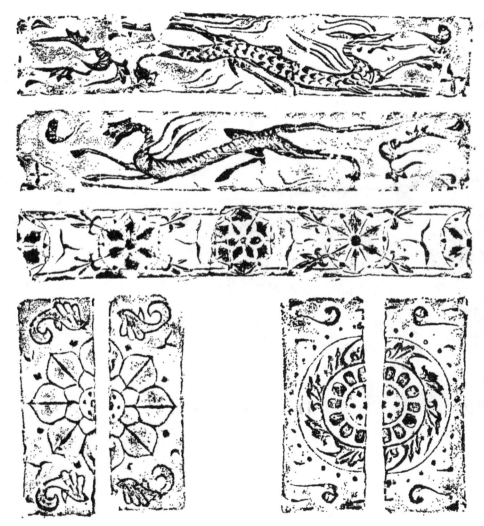

图 4-22 花纹砖 福建闽侯南屿南朝墓 南朝
（采自王振镛《福建闽侯南屿南朝墓》，《考古》1980 年第 1 期）

图 4-23 十二生肖图（左壁局部）尤溪麻洋宋代壁画墓 北宋
（采自徐光冀主编《中国出土壁画全集10》，科学出版社 2012 年）

宋元时期，福建成为我国墓室壁画的南方重镇，特别是两宋时期的尤溪地区有集中的发现。北宋时期主要遗存有尤溪麻洋宋壁画墓、尤溪县梅仙宋代一号壁画墓、南平来舟镇宋代墓、福建尤溪潘山宋代墓和尤溪一中宋墓等。尤溪麻洋宋壁画墓出现了动物头人身的十二辰像，这是一个比较特殊的壁画图像。宋代壁画墓生活气息浓郁，有的墓中还出现了墓主人形象。南宋时期，尤溪地区仍然有遗存发现，比如福建尤溪拥口村宋壁画墓和三明市岩前宋 M1 墓。元代时期，福建有将乐县光明乡元代壁画墓、南平市三官堂元代纪年壁画墓和松溪县元代壁画墓。元代南方地区目前只有 5 座壁画墓发现，所以福建地区的壁画墓显得更为重要。

福建地区宋元时期壁画墓中，1 座为画像砖墓，其余皆为彩绘壁画墓，这在南方是一个引人注目的现象，因为南方壁画墓多为画像砖和石雕，大量彩绘壁画墓在福建出现是一个特例。另外，历史上先后有 15 座壁画墓集中于闽西三明市的尤溪县和将乐县，也是一个引人注目的现象（图 4-23、图 4-24）。

第四章　丝绸之路东部墓室壁画

图 4-24　人物图（局部）三明市岩前镇岩前村南宋墓　南宋
（采自徐光冀主编《中国出土壁画全集 10》，科学出版社 2012 年）

（三）广东墓室壁画遗存

广东地区目前有 4 座壁画墓发现，即广州西汉象岗山南越王壁画墓、广东新兴县南朝画像砖墓、广东韶关唐代张九龄墓和广东韶关 13 号宋墓。其中，西汉象岗山南越王壁画墓尚有争议，认为不能称为壁画墓。笔者实地考察，该墓壁画图案已经明确，又处于壁画墓的初期，可以称为壁画墓。这一时期的壁画墓，全国只有河南永城邙山柿园的梁王墓，所以广州西汉象岗山南越王墓在中国墓室壁画史上是有明确贡献的（图 4-25、图 4-26）。

中国丝绸之路上的墓室壁画

图 4-25 从墓道看中室石门 西汉南越王墓 西汉
（采自广州象岗汉墓发掘队《西汉南越王墓发掘初步报告》，《考古》1984 年第 3 期）

图 4-26 侍女蟠桃图（摹本）张九龄墓 唐代
（采自广东省文物管理委员会《唐代张九龄墓发掘简报》，《文物》1961 年第 6 期）

第二节 东部墓室壁画艺术特征

在中国墓室壁画的发展过程中，东部的墓室壁画有着非常全面的贡献。墓室壁画兴盛期阶段，东部贡献特别突出。东汉时期，山东和江苏苏北成为汉画像石的一个中心区域，与河南、陕西、四川等中心区域共同促进了汉画像石的兴盛。魏晋南北朝时期，南京地区形成了六朝画像砖的中心，其影响力辐射东南其他地域，使墓室壁画再次兴盛。墓室壁画繁荣期阶段，东部弱于其他地区，但福建等地的墓室壁画仍然以独特面貌和一定数量作出了不可或缺的贡献。当然，东部墓室壁画最辉煌的时期还是在汉魏晋南北朝，这应当是我们描述的重点。

一、南北互补的地理特征

东部地区的南北互补特征，一言以蔽之就是北方的东汉画像石和南方的六朝画像砖双峰并峙，这样的地理特征是其他地区所没有的。

汉代，画像石是最为流行的墓室壁画类型。其中，东部地区形成了汉画像石中心。全国汉画像石可划为五大区域："第一分布区是由山东省全境、江苏省中北部、安徽省北部、河南省东部和河北省东南部组成的广大区域。第二分布区是以南阳市为中心的河南省西南部和湖北省北部地区。第三分布区是陕西省北部和山西省西部地区。第四分布区是四川省和云南省北部地区。第五分布区是河南省洛阳市周围地区。"[1] 成为全国五大区域的第一分布区，这是东部地区北方的汉画像石所作出的贡献（图4-27）。

南北朝时期，画像砖成为最为流行的墓室壁画类型。全国先后形成五个画像砖中心地区：第一是河西地区魏晋十六国，第二是六朝，第三是北魏，第四是东魏、西魏、北齐、北周，第五是北朝的粟特人。其中，六朝画像砖又以南京地区及附近的丹阳地区为核心区域。能够成为南北朝时期画像砖中心区域，这是东部地区南方的六朝画像砖所作的一个贡献。[2]

二、砖石墓为主的墓葬形制

从墓葬形制看，东部墓室壁画多以砖石墓为主，这是一个非常突出的形制特征。在砖石墓的形制下，东部墓室壁画获得了许多艺术成就，比如六朝画像砖出现了之前没有的拼镶砖画。

六朝画像砖的拼镶砖画工艺非常复杂，大型画像砖墓的拼镶砖画一幅由几十块甚至

---

[1] 信立祥：《汉代画像石综合研究》，文物出版社，2000年，第14-15页。
[2] 参见汪小洋主编：《中国墓室绘画研究》，上海大学出版社，2010年，第40页。

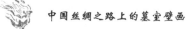

东壁画像

西壁画像

图 4-27 山东嘉祥武梁祠 东汉
(采自赖非主编《中国画像石全集2》,山东美术出版社2000年)

上百块画砖组成，一座壁画墓往往又有十幅左右这样复杂的拼镶砖画，尽显帝王在生活享受上的奢侈要求。"总之，大幅拼镶砖画的设计、范印、焙烧、运输到拼砌于壁画，工艺复杂，耗时费工，在经济方面花费颇大，除了最高统治阶层外，当时一般人是无力承担的，何况当年还有封建的等级、礼制等方面的各种限制。因此嵌有大幅拼镶砖画的南朝大墓，可能都是各代的帝王陵墓"①（图4-28、图4-29）。

图4-28　浙江余杭小横山南朝M114墓东壁　南朝
（采自杭州市文物考古研究所《余杭小横山东晋南朝墓》，文物出版社2013年）

三、南朝帝陵的贡献和隋唐"南朝化"的讨论

汉代壁画墓的遗存中，主流阶层的墓葬不在少数，但是帝陵中目前还没有发现墓室壁画的遗存，这一现象在魏晋南北朝时期发生改变，南朝帝陵中出现了墓室壁画的遗存。这方面的考古发现集中于南京地区，丹阳地区也有部分遗存。南京地区比较明确的是南京西善桥南朝壁画墓，1960年开始发掘，有精美的拼镶砖画。这座壁画墓被认为是帝陵壁画墓，但对墓主人的身份有不同的看法。1960年被发掘时，考古报告认为墓主人属于东晋末年至刘宋初年期间的士大夫阶层。之后的《新中国的考古收获》中，墓主人被定为东晋时期。1996年，最初考古报告的执笔者罗宗真将墓主人定为刘宋的第四个皇帝孝武帝刘骏的景宁陵。② 丹阳地区也有这样的发掘成果，《江苏丹阳县胡桥、建山

---

① 杨泓：《美术考古半世纪——中国美术考古发现史》，文物出版社，1997年，第199页。
② 罗宗真：《六朝考古》，南京大学出版社，1996年，第69页。

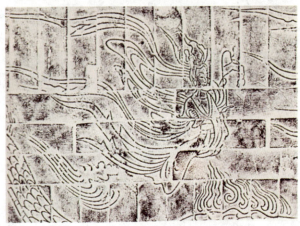

图 4-29　飞天　丹阳胡桥吴家村南朝墓　南朝
（采自林树中《六朝艺术》，文物出版社 1981 年）

两座南朝墓葬》这样描述:甬道中彩绘壁画表现的龙凤一类图案外,甬道至后主室的内容分别为:(一)《太阳和月亮》,(二)《狮子》,(三)《武士》,(四)《羽人戏龙》和《羽人戏虎》,位于主室前方上部,(五)《竹林七贤及荣启期》,(六)《车马出行》(实为墓主人出行的仪仗画)①(图4-30)。

　　帝陵壁画墓的出现,使得墓室壁画有了上移的趋势,这个现象是墓室壁画发展史上的大事,当然也是东部墓室壁画的贡献。这一时期,北朝墓室壁画也出现了进入帝陵的现象,但考古成果不多,而且帝陵身份还不肯定,其中河北磁县湾漳北朝壁画墓被认为是帝陵壁画墓,不过目前还没有最后定论。南朝帝陵壁画墓的出现是一个重要贡献,遗憾的是目前学术界关注不够。比如,南朝帝陵壁画墓可以为学术界长期存在的隋唐"南朝化"的讨论提供一个非常重要的、以往可能被忽视的图像材料,这也将成为南朝墓室壁画的一个贡献(图4-31~图4-33)。

图4-30　羽人戏虎图　丹阳胡桥鹤仙坳南朝墓　南朝
(采自林树中《六朝艺术》,文物出版社1981年)

---

① 南京博物院:《江苏丹阳胡桥、建山两座南朝墓葬》,《文物》1980年第2期。

图 4-31 仪仗图（一）河北磁县湾漳北朝壁画墓 北齐
（采自徐光冀主编《中国出土壁画全集1》，科学出版社2012年）

图 4-32 仪仗图（二）河北磁县湾漳北朝壁画墓 北齐
（采自徐光冀主编《中国出土壁画全集1》，科学出版社2012年）

关于隋唐"南朝化"的讨论。"南朝化"是史学界的一个重要命题，即：南北朝时期历史主流是在北还是在南？陈寅恪提出"南朝化"，但也认为"唐代制度之河西地方化"。唐长孺丰富此说，认为"南朝化"是唐代历史演进中一种带有普遍性的倾向。学术界有不同意见，钱穆就认为："隋唐制度，自是沿袭北朝。"① 这些讨论，并没有涉及到墓室壁画的材料。如果注意到南北朝帝陵壁画墓中表现出的上移与下降的现象，那"南朝化"的问题可以获得一个合理解释。我们认为，南北朝最高统治者解决的问题是不一样的，留下的影响也应当有别。北朝的汉化主流实际上是一种向中原文化靠拢的民族妥协，通过学习先进文化而平衡尖锐的民族矛盾，在强化皇权的体制下巩固政权，帝陵壁画墓因此而有了上移的方向。南朝的门阀制度主流实际上是一种政治利益集中化的阶层妥协，通过士族化的政治垄断

---

① 参见牟发松：《从南北朝到隋唐——唐代的南朝化倾向再论》，《南京晓庄学院学报》2007年第6期。

 第四章 丝绸之路东部墓室壁画

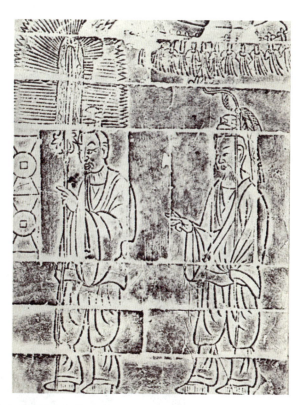

图 4-33 执扇盖侍从图 丹阳建山金家村南朝墓 南朝
（采自林树中《六朝艺术》，文物出版社 1981 年）

制度来平衡统治阶级内部的各种关系，帝陵壁画墓因此而有了下移的方向。唐代，不同的阶段接受不同的影响。这方面，学术界特别关注中唐这一时间节点。"放眼汉末至宋初的历史发展，可知北朝隋唐时期特别是唐中叶的南朝化倾向，是中古历史按照其内在逻

辑自然演进的结果。"① 唐代壁画墓的发展就可以反映这样的发展结构，初唐出现"号墓为陵"的现象，维持着北朝帝陵壁画墓上移的趋势，中唐后皇权受到冲击，生活化的壁画墓渐渐增多，出现了南朝化的下移走向（图4-34）。

图4-34　将军图　余杭小横山南朝M8墓　南朝
（采自杭州市文物考古研究所《余杭小横山东晋南朝墓》，文物出版社2013年）

① 牟发松：《从社会与国家的关系看唐代的南朝化倾向》，《江海学刊》2005年第5期。

第五章 丝绸之路的文化交流图像

汉武帝两次派遣张骞出使西域，目的是联合大月氏来夹击匈奴，军事行动之后带来的却是更大规模和常态化的文化交流，狼烟虽然时有燃起，但更多的时候还是风和日丽的和平交流，中原文化借助多条路线向域外，特别是向西方输送，同时域外文化也东渐来到中原大地。在东西文化交流中，有两点特别应当注意：首先，本土文化主导性不能忽视。东西文化交流的走向上，东渐弱于西被，这是因为建立于中原的各代王朝，多为中央集权大帝国，文化输出的能力更强，在东渐西被的文化交流中占主导地位。其次，文化交流图像不能忽视。丝绸之路的文化交流中，图像起到非常大的作用，我们已经对佛教的石窟艺术耳熟能详，现在我们也应当对墓室壁画的图像予以特别的关注。关于丝绸之路的文化交流图像，我们从本土文化图像和外来文化图像两个方面来认识。

第一节　本土文化图像的影响

本土文化图像主要是指重生信仰图像体系，这是由墓室壁画的宗教体验决定的。墓室壁画是反映重生信仰的艺术作品，重生信仰是中国本土关于彼岸的宗教思想，在这一信仰的指导下，墓室壁画中形成了重生信仰图像体系，从而构成了本土文化图像。

一、重生图像

重生图像是墓室壁画的图像主体。重生信仰的宗教体验是"死既长生"，因此重生信仰图像体系的最大特征是没有此岸与彼岸的明确界限，墓主人可以带着这一个世界的地位、财富与其他种种享受直接进入另一个世界，墓室壁画由此而充满了世俗社会的生活气息。中原出发的丝绸之路，许多地段都有着自己原有的死后世界描述，但是在壁画墓中，这些内容都被重生信仰所覆盖，世俗社会的各类生活成为墓室壁画表现的对象。

比如新疆的吐鲁番地区，这里的宗教文化极为丰富，历史上曾经有各类宗教交汇于

第五章　丝绸之路的文化交流图像

此。意大利学者马里奥·布萨格里《中亚绘画》曾经这样描写高昌时期的宗教丰富性："随着回鹘人的到来，摩尼教出现了；地方性佛教则失去了其生存之地，景教也广泛渗透进来，公元840年，佛教又兴盛起来，并一直兴盛到十一世纪，如果就其余韵而言，可以说它一直持续到十四世纪。"① 但是在吐鲁番地区的墓室壁画中，这些丰富的宗教内容比例都很少，更多的图像是与中原一样的风格，表现世俗生活，描述各种关于重生信仰的体验。阿斯塔那壁画墓群中的图像大多如此，充满着无比的世俗热情，许多被人们反复引用的图像都是围绕生活原貌而展开（图5-1）。

这样的例子很多，可谓俯拾即是。阿斯塔那墓地13号墓为十六国北凉墓，出土的《墓主人生活图》纸画是我国目前发现最早的纸画。这张图中，人物有男性墓主人、侍女仆人、庖厨仆人和侍马仆人等家庭成员；景物有田地、树木、农具等田野景象；天象有日、月及北斗星等天文图像，月内又绘有蟾蜍图像。这幅生活图像中，墓主人在世俗世界中所拥有的种种生活内容一应俱全，生活气息扑面而来，是一幅典型的重生图像（图5-2）。

图5-1　侍马图 阿斯塔那188号墓 唐代
（采自金维诺主编《中国墓室壁画全集2·隋唐五代》，河北教育出版社2011年）

---

① ［意大利］马里奥·布萨格里：《中亚绘画》，摘自许建英、何汉民编译《中亚佛教艺术》，新疆美术摄影出版社，1992年，第63页。

图 5-2　墓主人生活纸画 吐鲁番阿斯塔那墓地 13 号墓 十六国
（采自徐光冀主编《中国出土壁画全集 9》，科学出版社 2012 年）

二、依托重生信仰传播的佛教图像

佛教东渐中国，学术界普遍关注道教提供的帮助，其实最初提供帮助的应当是重生信仰。道教在东汉后期形成，南北朝时期才逐渐走向主流社会；佛教进入中国是东汉初期，这个时候道教是无法支持佛教传播的；而重生信仰在两汉已成兴盛之势，汉以下也始终是我国本土宗教的主要内容，完全可以为佛教传播提供支持。另一方面，壁画墓是重生信仰的仪式场所，墓室壁画描述的是墓主人对重生的种种期待，佛教图像如果出现于其中，有可能是寻找重生信仰图像依托。这样的依托，在佛教东渐早期是一种必要的帮助。这个观点，江苏连云港孔望山摩崖造像可以提供材料，证明重生信仰在佛教东渐早期提供的帮助。

第一，重要图像说明造像性质为重生信仰。

孔望山摩崖造像出现了中国较早的一批佛教造像,因此得到了学术界的极大关注,不过我们从几个重要图像的宗教属性看,孔望山造像群的首要性质应当归属于重生信仰。

其一,X68 为东王公图。这是一个有争议的图像,或认为是墓主人,或认为是西王母(东王公),或认为是佛主。温玉成认为:"X68 头戴尖圆顶有沿的帽子(似"恰帽"),面相长圆,直鼻大耳,穿宽衣博袖交襟袍服,袖手端坐。其形象与洛阳出土东

图 5-3　东王公图(右为拓片)孔望山摩崖造像 X68　东汉
(采自苏中保主编《海州石刻》,新疆人民出版社 2004 年)①

王公西王母画像镜上的东王公十分相似。"他还提出佐证:1991 年在湖南安乡县西晋荆州刺史刘弘墓出土的东汉中期的玉樽上有这样的东王公图型。② 我们同意温玉成的观点。X68 居于孔望山摩崖造像的最高处,并且居中,这是汉画像石中西王母的通常表现。不过,X68 没有"戴胜",因此可以判断其应为东王公的图像(图 5-3)。

其二,X66 为墓主人图。这也是一个有多种判断的造像,或认为是老子造像,或认为是施主像,也有认为是西王母图像。我们认为:首先,排除西王母图像。东汉中后期的西王母图像都是居于整幅画面的最高处,除了单个或身边物象不多时,她一般不再出现于画面的中间;同时,东汉中后期的西王母已经偶像化,其图像多为正面像。孔望山

---

① 按:该书作"西王母图","东王公图"为引者改。
② 温玉成:《孔望山摩崖造像研究总论》,《敦煌研究》2003 年第 5 期。

摩崖造像是东汉晚期的作品,所以西王母居中且侧面,缺乏合理性。其次,等级制度因素。汉画像石的构图中,墓主人一般多大于身边其他人物,以体现等级制度的规定,X66尺寸大,他的身边(左侧)有一尺寸极小者,这是汉画像石中侍者的通常构图。所以,我们认为从汉画像石的人物构图关系看,X66就是修建孔望山摩崖造像的墓主人(图5-4)。

其三,蟾蜍石图。孔望山摩崖造像的对面有一块巨大的蟾蜍石,长2.4米,宽2.2米,通高1.1米,趴在一块直径约2.9米的圆盘形巨石上。从整个孔望山摩崖造像的形制看,蟾蜍石在东王公图像的正前方,直线距离160米,

图5-4 墓主人图(右为拓片)孔望山摩崖造像X66 东汉
(采自苏中保主编《海州石刻》,新疆人民出版社2004年)

海拔位置低东王公图像17米。汉代的长生故事中,西王母体系中往往都有蟾蜍参与,在墓室壁画中,西王母与蟾蜍结合构成了重生图像的常规形制结构,这个结构在汉代之后就消失了。从目前的遗存看,这个蟾蜍石如此巨大,唯有对长生炽热的汉人才有这样的制作热情,而且这只蟾蜍石的雕刻风格和气势与茂陵等地的汉代雕塑非常相近,扑面而来的是汉人风格。因此,从蟾蜍石提供的信息看,孔望山摩崖造像是汉代遗存(图5-5)。

以上三个图像都是汉代墓室壁画中重生信仰的典型图像,并且处在整个摩崖造像结构中的重要位置,可见孔望山摩崖造像的主要宗教属性应为重生信仰。

第二,倒T字形主干形制说明造像群首先是表达重生信仰体验。

孔望山摩崖造像有100多个人物,梳理具体分布后可以发现,孔望山摩崖造像有一个倒T字形的形制结构。孔望山摩崖造像的图像集中于中轴线和水平线上,中轴线上的图像分为三层,上层图像独立,中层和下层的图像与水平线的图像在中轴线下半部相

第五章 丝绸之路的文化交流图像

交,由此而形成了一个倒 T 字形的结构。这是一个比较特别的形制,由地形决定,但也体现出墓主人及其造像者的有意识安排(图5-6)。

墓主人的意识是什么?因为中轴线上的图像都为重生信仰图像,水平线上的图像也以重生信仰图像为基础,可见墓主人的意识首先是表达重生信仰的宗教体验。由此我们可以认为:孔望山摩崖造像在形制上首先安排的是重生信仰图像,之后佛教图像才开始进入。如果从时间层面看,重生信仰图像应早于佛教图像。

图 5-5　蟾蜍石图　孔望山摩崖造像群　东汉
(采自苏中保主编《海州石刻》,新疆人民出版社 2004 年)

图 5-6　孔望山摩崖造像实测图　东汉
(采自苏中保主编《海州石刻》,新疆人民出版社 2004 年,色柱为引者加)

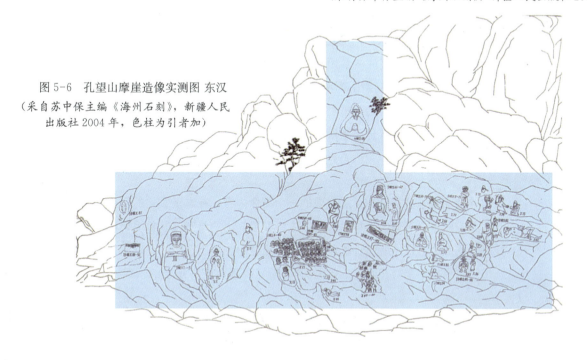

总论卷

167

学术界也有这样的观点。温玉成关于造像有两个时期的观点："孔望山造像分为两期：第一期，三大像及大多数造像，大约雕造于沂南画像石墓以后、鄂州塘角头2号墓以前，即曹魏前期，大约公元220—250年左右。第二期，第2组涅槃图、第15组五比丘图，或许也包括X45～X60等，晚于第一期，在250年以后、270年以前。"①

第三，孔望山摩崖造像说明重生信仰在佛教东渐早期提供的帮助。

结合以上材料，我们可以归纳出孔望山摩崖造像的两个形制特点：一方面，孔望山摩崖造像在形制上表现出倒T字型结构，重生信仰图像不仅在中轴线上存在，而且在水平线上也有很大比例的数量，因此这一处摩崖造像以重生信仰为主；另一方面，佛教图像在中轴线两边展开，东侧的中心图像是舍生饲虎的本生故事，西侧的中心图像是佛主涅槃的佛传故事，这种呼应关系以集中重生信仰图像的中轴线为分界线，也就是佛教信仰图像被重生信仰图像分为两个部分，所以在时间上重生信仰图像体系先于佛教图像体系的可能性更大。此外，佛教图像以中轴线展开中有一种非常明确的对称关系，说明中轴线是佛教图像开凿时的参照物，因此佛教图像应当晚于中轴线上的重生信仰图像。

从全国范围看，孔望山摩崖造像是佛教东渐后的最早一批造像，这批佛教造像时间在重生信仰兴盛之后，同时重生信仰图像已在形制上完成了主干的构建。因此我们可以认为：重生信仰在佛教东渐早期为佛教传播提供了帮助。

三、本土神话图像

神话图像是墓室壁画重点表现的一个图像内容，在本土文化的辐射下，丝绸之路的西部墓室壁画中普遍运用神话题材，这方面最突出的是新疆吐鲁番阿斯塔那壁画墓中的伏羲女娲图像。在阿斯塔那墓葬群的一些唐墓中，出土了绢本、麻制的伏羲女娲图，表现出了中原神话题材在西域的传播。"阿斯塔那墓葬群中出土的伏羲女娲图，被放置在

---

① 温玉成：《孔望山摩崖造像研究总论》，《敦煌研究》2003年第5期。

第五章　丝绸之路的文化交流图像

墓室的顶部或者后壁，其作用相当于京畿地区墓室顶部的天象图。其中既包含宇宙之天理，又有一种方位的暗示性。图像的上端有太阳，下端有月亮，太阳和月亮的周围点缀着流云和星辰。伏羲女娲的衣着打扮和绘画风格都是典型的唐代式样，这说明此处的伏羲女娲图只是继承了汉代的母题，但根据时空的转移为图像注入了新的文化因素。值得注意的是，在阿斯塔那，无论是伏羲女娲图还是星辰、太阳、月亮等，都显得较为抽象和富有装饰性，这与关中地区天象图中的日月、星辰的相对写实的特点有所区别"[1]（图5-7、图5-8）。

图5-7　伏羲女娲图　阿斯塔那77号墓　唐代
（采自徐光冀主编《中国墓室壁画全集2·隋唐五代》，河北教育出版社2011年）

图5-8　伏羲女娲图　哈拉和卓古墓群　唐代
（采自徐光冀主编《中国美术全集2·隋唐五代绘画》，人民美术出版社1984年）

---

[1]　汪小洋主编：《中国墓室绘画研究》，上海大学出版社，2010年，第169页。

此外，四神也是西部墓室壁画中普遍出现的图像。比如，青海海西州郭里木吐蕃大墓所出土的棺板画中，四神均踩在棺板的莲花宝座上，四周装饰有各种花卉和叶纹，色彩浓艳，造型流畅。棺板上的《会盟图》《送葬图》等其他图像的技法不如四神图像好，这与四神图像来源于中原地区有直接关系——四神图像在中原传播已久，自然已经有了非常高的艺术水准。

四、本土化飞天图像

飞天图像来自于佛教信仰的传播。从起源和职能上说，飞天不是一位神，它是乾闼婆与紧那罗的复合体。唐代释慧琳《一切经音义》记："真陀罗，古运紧那罗，音乐天也。有美妙音声，能作歌舞。男则马首人身，能歌；女则端正，能舞。次此天女，多与干闼婆天为妻室也。"飞天进入中国后，也加入到了本土化的进程中。根据其发展过程，又有把早期天宫奏乐的紧那罗定名为天宫伎乐，后来人们将其合为一体、持乐歌舞的飞天定名为飞天伎乐。艺术造型中的飞天，根据中国传统的审美习惯而去掉翅膀，但却加入了随风而起的丝绸飘带，以及波浪起伏的祥云等可以衬托她们满壁飞舞的凭藉物，使得这些美丽的飞天能够在彼岸世界中自由自在、无拘无束地飞舞翱翔。

飞天图像造型优美，深受各代艺术家的喜爱。以往人们在欣赏飞天图像时，常常想着她们在东渐路上的种种变化，其实最早在六朝时期的东部墓室壁画中，飞天即已开始了较大的本土化改变，并且还对中原北方地区的龙门、巩县、麦积山等石窟，甚至朝鲜、日本的佛教艺术产生较大影响①。

在东部地区的飞天中，宗教体验上加入了修仙的飘逸气息，艺术造型上加入了南方人特有的清秀气质，这些飞天由此而显示出了本土化的清新面貌。浙江余杭小横山南朝画像砖墓群是一个非常典型的个案，该处南朝墓葬群的多座画像砖墓发现了大量

---

① （日）吉村怜：《南朝天人图像向北朝及周围各国的传播》，《天人诞生图研究：东亚佛教美术史论文集》，上海古籍出版社，2009年，第147-160页。

第五章　丝绸之路的文化交流图像

飞天。据分析，该墓群的飞天形制可分为独幅和拼幅两种类型，手法上独幅飞天都是线雕，拼幅飞天既有线雕，也有高浮雕。另按题材还可分为伎乐类、供养类和侍从类①（图5-9～图5-11）。

图 5-9　舞蹈飞天 余杭小横山南朝 M27 墓 南朝
（采自杭州市文物考古研究所《余杭小横山东晋南朝墓》，文物出版社 2013 年）

图 5-10　持羽扇飞天 余杭小横山南朝 M65 墓 南朝
（采自杭州市文物考古研究所《余杭小横山东晋南朝墓》，文物出版社 2013 年）

图 5-11　持信幡飞天 余杭小横山南朝 M27 墓 南朝
（采自杭州市文物考古研究所《余杭小横山东晋南朝墓》，文物出版社 2013 年）

五、中原艺术影响的图像

中原艺术的影响力是丝绸之路墓室壁画全面繁荣的一个原因，这方面的特征主要表现在两个方面：

其一，直接的承接图像。中原文化相对于丝绸之路的其他路段而言，当时的文明程度更高，艺术的辐射力也就更加强大，因此沿途许多墓室壁画都有着向中原艺术学习的面貌。比如吐鲁番地区出土的屏风画，明显存在着与中原艺术的直接承接关系。阿斯塔

---

① 刘卫鹏：《浙江余杭小横山南朝画像砖墓飞仙和仙人》，《中国国家博物馆馆刊》2016 年第 9 期，第 31-51 页。

那 217 号唐墓出土的六扇屏风花鸟壁画，全图以中轴线为中心的对称关系比较特殊。有学者认为这与中原艺术有关：陕西长安南里王村壁画墓的西壁壁画上所绘六扇屏仕女图，也是以六扇屏最中间为中轴线左右对称。经过对照，我们惊奇地发现，217 号墓出土的六扇屏花鸟画只是把树换成了花卉，人物换成了禽鸟，两者在构图和整个视觉方式上都是极其相似的。这样的对比可以证明，217 号墓的六扇屏花鸟画显然是受到了中原六扇屏风画的影响。对称构图的技法，是唐代墓室花鸟壁画的共性。唐代章怀太子墓、永泰公主墓、懿德太子墓的壁画和石刻，正仓院藏花鸟木石图、北京海淀区唐开成三年（838）王公淑墓牡丹芦雁图、五代后唐同光二年（924）王处直墓壁画多幅屏风式花鸟画等，都具有对称构图的技法特征。正如学者们已经指出的那样，盛唐到五代初期的屏风式花鸟画的构图以左右对称为主要特点。① 此外，这一地区出土的树下老人图，学者认为也与中原地区的六朝画像砖有关。树下老人图在唐代的墓室壁画中是一个较为常见的母题，它的原型可能来自于魏晋南北朝时期南京西善桥的《竹林七贤与荣启期》，是一种高士图模型的演变，主要传达的是一种隐逸的理想。墓主人可能虽然身居要位，但仍然渴望过画中人那种闲雅隐居的生活——身着官服，衣食无忧，高雅闲逸，琴棋书画② （图 5-12）。

其二，结合当地文化的承接图像。西被的路段中，当地原有的宗教信仰都十分丰富，因此在向中原艺术学习的时候都有着地域特色的改进。青海路段中，郭里木吐蕃棺板画是一件重大考古收获，因为这是目前唯一出土的吐蕃时期的墓室壁画成果。该墓出土的吐蕃棺板画带有浓郁的吐蕃民族风情，有会盟、商贸、狩猎、射牛、性爱、送葬、宴饮等世俗生活图像。有学者认为这是反映吐蕃人世俗社会的风情画，其实这里面也有吐蕃地区苯教的影响。苯教又称"苯波教"，俗称"黑教"，是在佛教传入西藏前流行于

---

① 参见李星明：《唐代和五代墓室壁画中的花鸟画》，《南京艺术学院学报（美术与设计版）》，2007 年第 1 期。
② 陈霞：《吐鲁番屏式壁画所见唐人的精神生活》，《兵团教育学院学报》2002 年第 3 期。

藏区的本地宗教。苯教有殉牲习俗。"'人死杀牛马以殉，取牛马积累于墓上。'这种丧葬殉牲习俗反映了古代藏族苯教的仪轨和信仰。动物殉葬在苯教信仰中具有特殊意义，按照苯教的世界观，人死后只有通过这种献祭动物的仪式，才能帮助和佑护逝者通过阴间世界的艰难险阻，到达九重天国中去享乐。在敦煌古藏文写卷涉及苯教丧葬仪轨的卷子中，这种观念有明确记载。"① 这些内容反映在了吐蕃棺板画中，应当是以墓室壁画形式反映本地宗教信仰的一种现象，也是对中原艺术的一种改进（图5-13）。

图 5-12　六屏花鸟图　阿斯塔那墓地 217 号墓　唐代
（采自徐光冀主编《中国出土壁画全集 9》，科学出版社 2012 年）

① 许新国：《郭里木吐蕃墓葬棺板画研究》，《中国藏学》2005 年第 1 期。

图 5-13　商旅图 青海郭里木吐蕃墓 公元 750 年
（采自《中国国家地理》2006 年第 3 期）

 第五章 丝绸之路的文化交流图像

第二节 外来文化图像的影响

丝绸之路上的外来文化很早就受到学术界的重视，这方面的研究成果可谓汗牛充栋。从东渐西被的走向看，外来文化的研究是有重点的。地域上，丝绸之路的西部受到了更多的重视；内容上，宗教传播的内容受到了更多的关注；时间上，丝绸之路发展在明清之前的成果更加丰富，其中汉唐又格外被学术界青睐。外来文化的东渐中，图像是其中的一个非常重要的内容，这方面的研究也基本遵循外来文化的总体走向。外来文化图像中，佛教图像、胡人图像和粟特人图像显得特别突出。

一、佛教图像

丝绸之路正式开启的原因来自于军事目的，但军事目的总是暂时的、短暂的，更加常态的是和平时期的其他文化交流，这其中佛教的传播占有很大的比例。佛教有"像教"之称，丝绸之路上传播的佛教带来了辉煌的佛教艺术，克孜尔石窟、敦煌石窟、麦积山石窟、龙门石窟等中国历史上最著名的石窟几乎都在丝绸之路沿线上。与地面佛教图像的辉煌比较，地下的墓室壁画中佛教图像并没有普遍存在。墓室壁画中，佛教图像没有形成自己的体系，更多的是零星存在。这个现象的存在，可能还是来自于宗教体验的需要。壁画墓是重生信仰的宗教体验场所，墓主人在这里要带着自己的世俗社会地位和财富直接走向彼岸世界，因此对佛教转世的宗教体验可能没有特别的关注。

佛教图像在墓室壁画中有一个特例，就是明代原武温穆王壁画墓，此壁画墓有成体系的佛教图像。1953年，考古工作者在荥阳清理时发现了明代原武温穆王壁画墓，此墓为明万历三十五年（1607）的砖砌墓葬，墓主人原武温穆王，名朱朝伦，别号凤山，是明太祖第五子周定王的七世孙。在墓室的四壁和顶部绘有一套完整的佛教内容壁画，

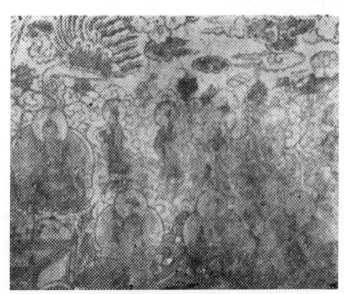

图 5-14　佛主像（东壁）荥阳二十里铺明代
原武温穆王壁画墓　明代
（采自谢遂莲《荥阳二十里铺明代原武温穆王壁画墓》，
《中原文物》1984 年第 4 期）

表现的是佛法超度亡灵。墓室北壁正中绘释迦牟尼说法图，壁龛上释迦牟尼立于莲花座上，左右两侧立四只护法灵禽。东壁释迦牟尼坐在莲花台上，头顶一道光带盘旋升上天空，光带中有五人，下排左边第一人着帝王衣冠，应为男墓主人，第二人着王妃衣冠，应为女墓主人，其余应是墓主人亡亲。西壁与东壁类似，释迦牟尼合掌而坐，中间绘有各种乐器。墓顶绘日月星辰，仙鹤八只。[①] 壁画墓中能有这么完整的佛教图像，实为罕见。明代为墓室壁画的衰退期，该墓的发现更显得珍贵。不过，佛主绘制于墓室顶部与四壁，这样的形制在佛教寺院中基本没有。这个现象说明佛教图像在墓室壁画中有了体系化的形制，但同时也说明墓主人对佛教形制的改动，这个改动是来自于本土的重生信仰。墓室是墓主人重生之处，所以图像都是服从于重生主题的安排（图 5-14、图 5-15）。

具体看墓室壁画中的佛教图像，大致有三个特征。

其一，主流墓室壁画中佛像比较少。这方面最突出的现象就是在墓室壁画兴盛的汉代，佛教已传入中原，可目前考古成果中，除了孔望山摩崖石造像外，只有两个佛像遗存目前可以肯定，而且还是在非主流社会的画像石墓中，主流社会的壁画墓中至今没有

---

① 参见郑州市博物馆：《荥阳二十里铺明代原武温穆王壁画墓》，《中原文物》1984 年第 4 期。

图5-15 佛主像（西壁）荥阳二十里铺明代
原武温穆王壁画墓 明代

（采自谢遂莲《荥阳二十里铺明代原武温穆王壁画墓》，
《中原文物》1984年第4期）

图5-16 佛坐像 四川乐山麻浩
一号汉墓 东汉

（采自阮荣春《佛教南传之路》，
湖南美术出版社2000年）

佛像遗存的发现。这两个有佛像遗存的画像石墓，一个是四川地区的乐山市麻浩一号墓中的摩崖佛造像，一个是山东地区的沂南县北寨村画像石墓的八角形立柱上的佛造像（图5-16、图5-17）。

其二，佛教题材的装饰图案比较多。与佛像不多形成鲜明对比的是，佛教题材的装饰图案在墓室壁画中普遍存在。"魏晋南北朝时期墓葬中出现了大量佛教色彩浓厚的装饰图案，如莲花、摩尼珠等，且常和忍冬、多枝莲、三朵云纹缠枝莲等交织出现。至唐时，以上图案继续出现在墓葬中。"① 这些佛教的装饰图案中，莲花纹是墓室壁画中的常见图

---

① 程旭：《丝路画语——唐墓壁画中的丝路文化》，陕西人民出版社，2016年，第231页。

像，在墓室过道、藻井和墓室顶部等都可以见到。莲花是佛教八种吉祥宝物之一，释迦牟尼又将其放在最高位置，佛国有"莲国"之称，袈裟有"莲服"之称，还有将释迦牟尼称为"莲花王子"。因此，莲花纹图案受到墓主人的欢迎，唐代李寿墓甬道中就出现了大量的莲花纹图案。莲花纹图案的流行，特别是能够在重生信仰的墓室壁画中流行，应值得关注。此外，宝相花纹、忍冬纹图像也在墓室壁画中常常出现（图5-18、图5-19）。

图 5-17　山东沂南北寨汉画像石墓中室八角柱上方南北两面佛像 东汉
（采自山东省沂南汉墓博物馆《山东沂南汉墓画像石》，齐鲁书社 2001 年）

图 5-18　莲花图 魏晋嘉峪关佛爷庙壁画墓 魏晋
（笔者拍摄）

其三，本土化特征明显。佛教图像进入墓室壁画后，本土化特征普遍存在。造型上，本土化元素普遍加入。比如飞天造型，融入了本土的升仙气息，就显得更加轻盈而寓意鲜明。构图上，佛道两教对应，莲花、忍冬可以与牡丹、梅花等共同构图。共同构图是一个非常重要的信息，这说明佛教图像在仪式感上已经走向了本土化。但这样的变化，有时也会为解读图像属性带来困难。以唐代为例，李寿墓的墓道两壁分别绘制了正在举行宗教活动的道观和佛寺，这是一个非常重要的现象。李寿墓是高等级壁画墓，其中出现这样的佛教图像引起了关注。但是，也有学者认为这不是佛寺，而是宫廷或一般的城楼

图5-19 宝相花纹、忍冬纹 永泰公主墓 唐代
（采自程旭《丝路画语——唐墓壁画中的丝路文化》，陕西人民出版社2016年）

建筑。再如，唐代墓室壁画中常见莲花纹，不过这些莲花纹不仅出现在壁画里，而且有时也出现在瓦当和地砖上面。莲花图案的象征意义是非常明确的，当它出现在瓦当和地砖上时，仪式感显然要受到影响，实用的审美需要获得了更大的关注。当然，佛教艺术在本土化后的魅力是最为吸引人的内容。唐代无名墓出土的《持莲花女侍》，华丽的唐服和特写的莲花共同构图，既有突出的信仰指向，又有扑面而来的生活气息。佛教图像

本土化比较突出的是东部地区，江苏邢江发掘的南朝画像砖墓，墓室棺台前的图像中，供养人图显然是当地的服饰装扮，南方女性形态，与上部的莲花图案共同构图，很好地表现了本土化的气息（图5-20、图5-21）。

二、胡人图像

胡人有狭义和广义之分。狭义的胡人是对北方边地及西域各民族的称呼，又可特指匈奴人。《汉书·匈奴传》记："单于遣使遗汉书云：'南有大汉，北有强胡。胡者，天之骄子也，不为小礼以自烦。'"广义的胡人非常宽泛，域外之人皆可称胡人。秦朝建立中央集权后，东方大帝国的强盛和富庶，吸引了各方胡人到来，胡人图像也频繁出现在墓室壁画中。有学者概括胡人元素为胡人、胡物和胡风胡化三大类，又可再分胡人、胡物、外来动物、胡服胡饰、胡食胡饮、竞技娱乐、宗教和胡乐胡舞八种类型。[1]胡人元素在墓室壁画中多有表现，从图像表现看，尤以胡人人物图与胡人乐舞图具有代表性，因为这两类图像的描写都必须是综合性，常常可以涵盖胡人图像的其他内容。

1. 胡人人物图

汉唐时期，来往于丝绸之路上的胡人特别多，从一个侧面表现了东方大帝国的吸引力，因此墓室壁画中的胡人人物图也特别多，章怀太子墓中的《客使图》即是其中

图5-20　持莲花女侍　无名墓　唐代
（采自程旭《丝路画语——唐墓壁画中的丝路文化》，陕西人民出版社2016年）

---

[1]　程旭：《丝路画语——唐墓壁画中的丝路文化》，陕西人民出版社，2016年，第13-15页。

图 5-21　墓室棺台前北壁供养人与莲花　江苏邗江南朝画像砖墓　梁武帝时期
（采自吴炜《江苏邗江发现两座南朝画像砖墓》，《考古》1984 年第 3 期）

最为珍贵的一幅作品。一方面，这幅图的画面完整表现了"藩国"使者晋谒的场面，艺术价值高；另一方面，这幅图是目前唐墓壁画中唯一的"客使图"，考古价值和历史价值很大。

章怀太子墓中的"客使图"位于墓道东西两壁,每壁6人。东壁6人由南至北,衣着形态分别为:第一人戴皮帽,穿圆领灰大氅、皮裤、黄皮靴,束腰带,两手拱于袖中;第二人头戴羽毛帽,有二鸟羽向上直立,两边有带束于颈下,着大红领长白袍,两手拱于袖中;第三人圆脸光头,高鼻深目,浓眉阔嘴,身穿翻领紫袍,束带,黑靴,双手叠置胸前,另三人类似。西壁由南至北6人衣着形态分别为:第一人形体高大,高鼻深目虬髯,头戴胡帽,身穿大翻领灰色长袍,窄袖,束带,持笏;第二人高髻束发于脑后,圆领窄袖红长袍;第三人着黄长袍,圆领,窄袖,束腰带,蓄短发梳于脑后,持笏,腰带系一短刀,另三人类似。东西两壁北边的6人均戴有纱罩的笼冠,束带,红长袍;两手拱于胸前,执笏①(图5-22)。

图5-22 客使图(墓道) 唐章怀太子墓 公元706年
(采自徐光冀主编《中国墓室壁画全集2·隋唐五代》,河北教育出版社2011年)

---

① 参见陕西省博物馆、乾县文教局唐墓发掘组:《唐章怀太子墓发掘简报》,《文物》1972年第7期。

2. 胡人乐舞图

胡人乐舞图在唐代墓室壁画中是常见图像，尤以胡旋舞图像最为著名，唐代的京畿地区目前发现有胡人乐舞的壁画墓有 20 多座，约占整个唐代墓室壁画的五分之一。与之相对，丝绸之路东段终点的山东徐侍郎夫妇壁画墓中也出现了以胡旋舞为主题的图像。胡人乐舞图在丝绸之路东渐过程中完成了"全国性"图像转化，这一现象与唐人喜胡乐有关，也与唐代丝绸之路的繁荣有关。

西安韩休墓是近年发现的唐代壁画墓，其中的乐舞图非常珍贵。整幅图描绘的是一

图 5-23 乐舞图 唐韩休墓 盛唐
（采自程旭《丝路画语——唐墓壁画中的丝路文化》，陕西人民出版社 2016 年）

个规模比较大的演出场面,有歌有舞,十多人参与,还配有指挥,涉及的乐器有笙、琵琶、箜篌、箫、钹、筝,这几乎是一个完整的胡乐班子,也很可能就是一套完整的胡乐演奏乐器。乐队前面有一男一女立在圆毯上跳舞,从圆形的毯子造型上可以判断是胡旋舞(图5-23)。

陕西富平朱家道村壁画墓也出土了珍贵的胡人乐舞图。墓室东壁绘有一幅乐舞图,保存比较好。画面左侧有一个7人乐队,描述的胡人乐器有箜篌、琵琶、笙、箫、横笛、拍板和铜钹等。画面中央有一舞女,可作胡舞看(图5-24)。

图 5-24 乐舞图(墓室东壁)陕西富平朱家道村唐墓 唐代
(采自徐光冀主编《中国墓室壁画全集2·隋唐五代》,河北教育出版社 2011 年)

三、粟特人图像

丝绸之路上曾经活跃着一个经商的民族，这就是粟特人。丝绸之路是一条商贸之路，粟特人的活动自然应当引起各方关注。粟特人兴起于中亚的泽拉夫善河流域，在今天的乌兹别克斯坦国境内，他们信奉古老而神秘的琐罗亚斯德教，即祆教，称自己为粟特人（Sogdian）。他们由康、安、曹、米、何、史等以姓氏为名的城邦国家构成，唐代史官因此而称他们为"昭武九姓"。粟特人于魏晋时进入中原，唐代后随着突厥和伊斯兰文明的崛起而退出了历史舞台。20世纪末至21世纪初，太原隋代虞弘墓、西安北周康业墓、西安北郊北周安伽墓和西安北周凉州萨保史君墓等几座重要粟特人墓葬的发现，使得粟特人再次引起各方关注。这些粟特人墓葬分布于青州、太原、西安、天水等地，连接起来看正是丝绸之路的东渐方向。

粟特人墓室壁画的载体特征突出，基本是在石质葬具上雕刻图像，类似于画像石。从绘画内容看，粟特人墓室壁画有三大类：第一类是神像和祭祀场面，主要内容有火坛与祭司鸟神、祆教的主神阿胡拉、娜娜女神、焰肩神等天神。第二类是人世与神界的叙事画，主要描绘了墓主人的职业活动及相关的家居生活、狩猎、宴饮场景，其中兼有狮、虎、牛、羊、狗、野猪、象、骆驼、马等动物或神兽。第三类主要是装饰图案，有花卉、禽鸟、神兽、飞仙、

图 5-25　西安北周安伽墓门楣 北周
（采自徐光冀主编《中国出土壁画全集6》，科学出版社2012年）

乐伎、卫士、铺首等，其中花边多为莲瓣纹、忍冬纹、连珠纹、水波纹等。上述三类中，第一类图像，内容忠实地反映了墓主人对教义的忠诚和执着；第二类图像，墓主人穿梭于人界和神界之中，通过描绘自身与主神阿胡拉的互动，讲述了自己仕途顺利，以及生前享有的财富和安逸的生活；第三类装饰图案，飞天伎乐、莲花座为佛教、祆教所共有，反映了西域等中亚地区趋同的审美情趣和文化观念（图5-25）。

从艺术表现看，粟特人墓室壁画对中国绘画艺术有贡献。唐代张彦远《历代名画记》记："曹仲达，本曹国人也，北齐最称工，能画梵像，官至朝散大夫……僧悰云：'曹师于袁，冰寒于水。外国佛像，亡竞于时。'"这段文字为我们传达出两个信息：其一，素有"曹衣出水"之称的北齐画家曹仲达是曹国人，即中亚粟特人；其二，他善于画"梵像"、"外国佛像"。曹氏是北齐朝散大夫，而北齐是一个笃信佛教的政权，张彦远以"外国"冠之"佛像"，意在指出其风格与中原地区迥异。而"梵像"是否就是祆教艺术形象，我们虽不可知，但是综合考察曹仲达的粟特人身份，不

图5-26　石堂南壁（正面）浮雕摹本 西安北周凉州萨保史君墓 北周
（采自杨军凯《西安北周凉州萨保史君墓发掘简报》，《文物》2005年第3期）

排除其中含有祆教艺术影响的可能。我们推测，曹氏早年创作祆教之"梵像"，至北齐后则改绘迎合政权需要的佛教"梵像"。①

---

① 以上粟特人内容参见汪小洋主编：《中国墓室绘画研究》，上海大学出版社，2010年，第115-122页。

 第五章 丝绸之路的文化交流图像

敦煌石窟中有丰富的粟特人图像,学术界非常关注其艺术价值,其实墓室壁画中也有不少,这也是墓室壁画的一个艺术贡献(图5-26、图5-27)。

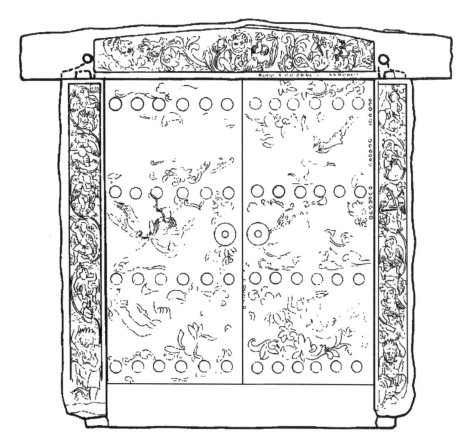

图 5-27 墓门复原正视图 西安北周凉州萨保史君墓 北周

(采自杨军凯等《西安北周凉州萨保史君墓发掘简报》,《文物》2005 年第 3 期)

第六章 中国和埃及、墨西哥墓室壁画的比较

第六章　中国和埃及、墨西哥墓室壁画的比较

从世界范围看，墓室壁画的遗存许多地方都存在，但特点突出，同时影响力又比较大的国家是中国、埃及和墨西哥。中国是东方的文明古国，墓室壁画贯穿于整个封建社会，文化积淀和影响是显而易见的；埃及也是文明古国，墓室壁画时间长久，同时与希腊、罗马文明比邻，文化积淀也毋庸赘言；墨西哥是美洲文明的代表，特别是玛雅文明为世人所瞩目。这三个文明古国都有着墓室壁画的丰富遗存，也说明墓室壁画这一艺术形式对人类文明的贡献。三个国家中，埃及的墓室壁画在西方最受关注（图6-1）。

图 6-1　吉萨古典金字塔群　约公元前 2613—2589
（采自李建群《古代埃及和美索不达米亚美术》，中国人民大学出版社 2004 年）

第一节　中国和埃及墓室壁画的比较

从"一带一路"的发展角度看，中国和埃及有着更高的相关性。中国和埃及的墓室壁画不仅历史悠久、体量巨大，而且都曾在丝绸之路上遥遥相望。作为"一带一路"沿线的国家，埃及不仅是陆上丝绸之路指向的国家，而且也是海上丝绸之路指向的国家。海陆皆备，这也是埃及相关性高的一个方面。

我们可以从以下几个方面具体比较中国和埃及墓室壁。

第一，埃及墓室壁画开始时间早，中国墓室壁画结束时间晚。

埃及墓室壁画很早就出现，从考古材料看，其出现于埃及史前时代的后期："墓中的壁画装饰，最早出现于涅伽达Ⅱ时期的希拉康坡里斯的'画墓'中，但其成为传统，则确立于第三王朝的私人墓中。"① 涅伽达Ⅱ时期又称格尔塞时期，约公元前3500年至公元前3200年，第三王朝时间为公元前2686年至公元前2613年（图6-2）。

中国墓室壁画，以目前的考古材料看，出现于西汉前期，有2座，一座是广州象岗山南越王墓，一座是河南永城芒山柿园梁王墓，不过对于广州象岗山南越王墓，学术界有不同意见，认为壁画成分比较少，不能称为壁画墓（图6-3、图6-4）。

图6-2　赫西尼木板浮雕　高114 cm
　　　　萨卡拉赫西尼墓出土
　　　　开罗埃及博物馆　第三王朝
（采自李建群《古代埃及和美索不达米亚美术》，中国人民大学出版社2004年）

---

① 刘文鹏：《埃及考古学》，三联书店（北京），2008年，第82页。

第六章　中国和埃及、墨西哥墓室壁画的比较

图 6-3　柿园梁王墓四神壁画　西汉前期

(采自汤淑君、刘治中《墓室千秋丹青——柿园梁王墓四神壁画》,《中国博物馆》2009 年第 4 期)

图 6-4　卷云纹图（前室东北角）　广州象岗山南越王墓　西汉前期

(采自徐光冀主编《中国出土壁画全集 10》,科学出版社 2012 年)

从墓室壁画的衰落时间看，埃及墓室壁画在后埃及时代（前1085—前332）就开始衰落，外族入侵后的希腊罗马时代壁画墓虽仍然存在，但已经不再流行，风格也与之前有了变化，呈现出受外来艺术影响的风格。

中国墓室壁画结束的时间很晚，虽明代开始墓室壁画就不再流行，但一直到清代后期仍然有墓室壁画的遗存被发现。明清时期的墓室壁画，虽艺术水准方面已难追前代，但也有自己的特色，最突出的一点就是民俗性大大增强。陕西安康清代壁画墓中，墓主人夫妇在图中并列而坐，很有民间年画的味道（图6-5）。济南埠东村清代壁画墓，共有9副对联，或门联，或中堂联，数量之多，之前少见。该墓室壁画主要出现在前室门楣对联两侧、前室南壁中部、北壁中部、后壁墓门对联两侧、后室南壁与北壁、后室墓顶。对联在民间最为流行，清代在墓室壁画中出现，是民俗性增强的一种表现（图6-6～图6-8）。

图6-5　墓主人夫妇图　陕西安康清代壁画墓
　　　　清乾隆年间
（采自《三秦都市报》，2009年）

第二，中国墓室壁画是人神并列的两个图像体系，埃及墓室壁画是人神合一的图像体系。

墓室壁画描述的是墓主人走向另一个世界的生死转化故事，这个故事有一个前提，就是墓主人需要得到神灵的帮助。这也就意味着墓主人之外，墓室壁画还存在着神灵的存在。一般来说，神灵世界与世俗世界是两个世界，墓室壁画的图像表现也就对应为两个图像体系，一个是神灵图像体系，一个是墓主人图像体系，中国墓室壁画即是如此，但是，埃及墓室壁画只有一个图像体系。

中国墓室壁画是人神并列的两个图像体系。汉代，墓室壁画中存在着墓主人图像体系和神灵图像体系。墓主人图像体系比较一致，由墓主人与身边亲朋好友等生活场景，以及一些相关的现实和历史图像等构成。神灵图像体系则有不同的地方。汉画像石中，

第六章　中国和埃及、墨西哥墓室壁画的比较

图 6-6　山水屏风图（一）济南高新区埠东村
　　　　清代壁画墓初探　清代

（采自杨爱国《济南高新区埠东村清代壁画墓初探》，
《中国美术研究》第 11 辑）

图 6-7　山水屏风图（二）济南高新区埠东村
　　　　清代壁画墓初探　清代

（采自杨爱国《济南高新区埠东村清代壁画墓初探》，
《中国美术研究》第 11 辑）

图 6-8　山水屏风图（三）济南高新区埠东村
　　　　清代壁画墓初探　清代

（采自杨爱国《济南高新区埠东村清代壁画
墓初探》，《中国美术研究》第 11 辑）

神灵一般由西王母主导，表现的是非主流社会的宗教体验；汉墓壁画中，神灵一般由传统神灵主导，表现的是主流社会的宗教体验（图6-9～图6-10）。

图6-9　西王母图　山东济宁微山县两城镇出土　东汉中晚期
（采自蒋英炬《中国画像石全集1》，山东美术出版社2000年）

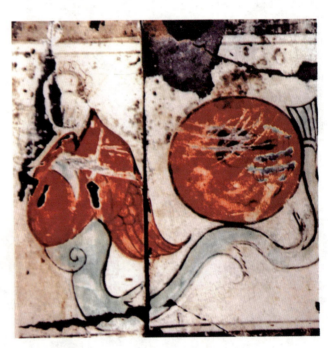

图6-10　伏羲日象图　河南新安县磁涧里河村砖厂汉墓出土　西汉
（采自徐光冀主编《中国出土壁画全集》，科学出版社2012年）

汉以下，神灵图像开始出现抽象化的趋势，象征性取代真实性，符号化的图像越来越多，直至整个墓室成为神灵帮助的符号。以宋代为例，墓室壁画中出现了仙人引导升仙的图像，佛道图像也出现了。但是，更多的图像还是对墓室有一个象征性的描述，然后描述墓主人在其中得到生死转化。此外，墓室内多仿木结构的形制也是一种象征性的表现手法（图6-11～图6-13）。

图6-11　导引图　河南登封市黑山沟村北宋
李守贵墓出土　北宋
（采自徐光冀主编《中国出土壁画全集》，科学出版社2012年）

图 6-12　夫妇对坐图　河南禹州市白沙北宋
　　　　　赵大翁墓 公元 1099 年

（采自徐光冀主编《中国出土壁画全集》，
科学出版社 2012 年）

图 6-13　夫妇对坐图　河南登封市黑山沟村北宋
　　　　　李守贵墓　公元 1097 年

（采自徐光冀主编《中国出土壁画全集》
科学出版社 2012 年）

  与中国墓室壁画人神并列的两个图像体系不同，埃及墓室壁画只有一个图像体系，即人神合一的图像体系。埃及人神合一图像体系的形成，其宗教体验来自于法老崇拜。古埃及人认为，法老是具有神力的人，是人间的神。中国墓室壁画中，墓主人需要得到神灵的帮助才能达到彼岸而获得重生，埃及墓室壁画中则不需要神灵的帮助，法老本人就是神灵，埃及墓室壁画中有多船的暗示，古埃及金字塔文这样描写第五王朝的国王在拉神的太阳船上度过他的来世："我是纯洁的，我坐在了'九神'的船首，我控制着小

第六章 中国和埃及、墨西哥墓室壁画的比较

船,我占有我的位置。而我划船把拉送到远方。"在走向彼岸的航行中,身为国王的墓主人起着主导作用,即使是在神灵的面前,国王也不失自己的权威。在这样的法老信仰指导下,人神合一的一个图像就可以描述墓主人的生死转化(图6-14、图6-15)。

图6-14 捕禽图 梅尼拉陵墓壁画 底比斯出土
约公元前1400年
(采自李建群《古代埃及和美索不达米亚美术》,
中国人民大学出版社2004年)

图6-15 猎河马 提伊墓室壁画 石灰石着色 高近1.14m
萨卡拉出土 公元前2400年
(采自李建群《古代埃及和美索不达米亚美术》,
中国人民大学出版社2004年)

在埃及的法老信仰中，奥西里斯是一个特殊现象，他曾经是一个法老，他使得死而复活的信仰扩大到国王之外的其他阶层。中王国时代，奥西里斯崇拜普遍化，人们将自己的重生与这位大神联系。"每一个埃及人在死后都希望能够与奥西里斯结为一体，并因此能够赦免罪行，像奥西里斯一样来世复活，获得永生。"奥西里斯是埃及"九神"（Great Ennead）之一，他生前是一个开明的国王，被弟弟赛特谋害，死后不能复活，但可以使他人获得复活，因此成为地界主宰和死亡判官。他还关心自然界的万物生长，是降雨和植物之神，被称为"丰饶之神"。这些神职工作，其范围都与生命的延续相关。奥西里斯的复活神力与法老信仰的下移有关，金字塔文的传播说明了这一点："古王国时代的金字塔文为国王所专用，而中王国时代的棺文并不局限于王族使用，还出现于不同地方的官员及其家族的墓葬中，甚至可能出现于所有的埃及人的墓葬中。"中王国时期的另一个政治背景也是我们必须考虑的，即加强中央政权的需要。"特别是针对第一中间期以来的分裂势力，艺术创作强调国王的权势，增加了神授王冠以及神与国王亲密一体的层面。"国王借助神灵来加强自己的地位，在受到外来挑战时，这个行为是国王权势有被削弱危险的反映，神权的垄断可能要国王做出某种让步，但不改变国王与神亲密一体的性质，相反是一种更广泛的强调。因此，奥西里斯崇拜是法老信仰发展中的一个阶段现象，将法老的生死信仰予以扩大，但没有改变法老主宰人们复活的宗教体验结构，法老仍然可以主导重生（图6-16）。

第三，葬玉体现的连续性重生和木乃伊体现的非连续性重生。

墓主人重生的一个指标是此岸所拥有的一切在彼岸能够继续地完整拥有，如何做到这一点？中国的葬玉和埃及的木乃伊可以

图 6-16　奥西里斯石像
（采自余祖政《古罗马神话故事》，
北京联合出版社 2015 年）

第六章　中国和埃及、墨西哥墓室壁画的比较

做到，同时它们表现出两个不同的完整性指向。中国墓葬活动中，参与者要尽一切可能完整保留墓主人的身体，葬玉就提供了这样的帮助。比如，饭含是普遍运用的葬玉品种，古人认为饭含可以保证尸体不腐。《汉书·杨胡朱梅云传》记："口含玉石，欲化不得，郁为枯腊，千载之后，棺椁朽腐，乃得归土，就其真宅。"李如森认为："以玉衣作为殓服，其目的以为玉能寒尸，企图保存尸骨不朽。《后汉书·刘盆子传》说：'赤眉发掘（西汉）诸陵，'凡有玉匣殓者率皆如生'，显然这是无稽之谈"（图6-17）。

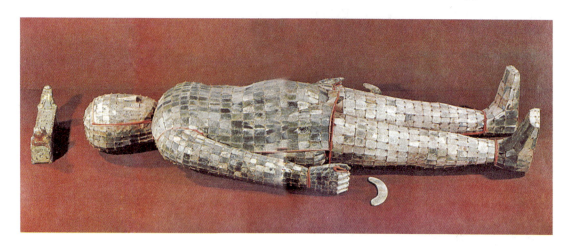

图6-17　金缕玉衣（含玉枕、玉璜）河北满城中山靖王刘胜墓　西汉早期
（采自杨伯达主编《中国美术全集·玉器》，文物出版社1989年）

埃及墓葬活动中，参与者并没有完整保留墓主人的身体，而是以木乃伊的形式保留。木乃伊要取出尸体内脏，这样尸体本身遭到破坏，完整性明显是有了另外一个方向的指向。埃及人有这样的信仰："他们认为人和宇宙万物都是永恒的，'灵魂不死'，人死后，只要尸体保存好，灵魂就能回归，人就能死而复活，因此埃及人特别重视保存好尸体，防腐技术非常发达。"埃及历史中，木乃伊的制作技术一直在发展。古王国时代的第四王

朝开始掌握了从尸体的体腔内摘取内脏和涂上香料药物的防腐技术。新王国时又有发展:"新王国时代木乃伊的制作技术达到了顶峰,取出内脏和尸体干燥的过程成为标准的规范。"对木乃伊的重视,使得墓室绘画不仅仅存在于墓壁上,甚至木乃伊本身也成为绘画的载体。"除了在墓室墙壁上作画外,在被称为'木乃伊之家'的棺椁内外也画满了东西,那是为死者在冥界的种种需要而绘制的。"这样的绘画方法,对尸体的物质完整性肯定也会产生破坏(图6-18)。

通过葬玉与木乃伊的比较,我们可以发现中国与埃及在墓主人逝去后身体的完整性上表现出完全不同的走向。中国古人的墓葬活动是唯恐尸体在入葬时受到损坏而影响重生,葬玉的广泛使用就是为了保证尽可能没有任何破坏而完成重生叙事;埃及的墓葬活动则是要求入葬后的尸体永久不腐而得到重生,木乃伊就是加了一些破坏手段后达到尸体不腐,期待完成重生叙事。玉衣的完整性是前后不间断的连续性完整,木乃伊的完

图 6-18　掌玺大臣伊蒙尼米尔的石棺　仿大理石的彩色木板画　第二十五至第二十六王朝　约公元前 900—前 800 年

(采自李建群《古代埃及和美索不达米亚美术》,中国人民大学出版社 2004 年)

整性则是前后中断的非连续性完整,木乃伊显然是加入了有别于葬玉的宗教体验。从宗教品质看,中国的葬玉是不完整的宗教体验,重生的逻辑起点并没有清晰划分此岸与彼岸;埃及的木乃伊则是完整的宗教体验,重生的逻辑起点清晰划分了此岸与彼岸。

木乃伊图像是埃及墓室壁画中描述比较多的题材,可以看出古埃及人对木乃伊保存生命的深信不疑。第十八王朝时期的图坦卡蒙墓室,出土的图坦卡蒙木乃伊的棺椁里外

第六章 中国和埃及、墨西哥墓室壁画的比较

有七层,外面四层是石椁,里面三层是棺木。棺木中,第一层是石棺,第二层为硬木制人形棺,第三层为黄金制人形棺。三层棺木依次相套,然后被放置在石椁中。公元前13世纪的底比斯塞尼杰姆墓室壁画中,有一幅木乃伊与阿努比斯神图像,描述了墓主人的尸体做成木乃伊之后,盛殓放在兽形的木床上,阿努比斯神站在床前,弯下腰观看木乃伊的情形。这幅图像中,墓主人神态安详,同时又有一种满足感的描写,暗示着他来到了另一个世界,似乎已经得到了神的照顾(图6-19、图6-20)。

图6-19　图坦卡蒙木乃伊的三层棺木　图坦卡蒙墓室出土　第十八王朝

(采自李建群《古代埃及和美索不达米亚美术》,中国人民大学出版社2004年)

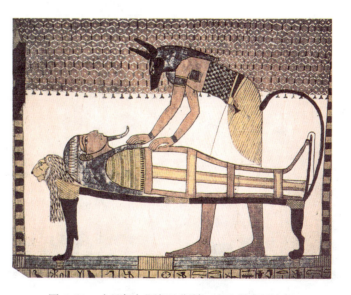

图6-20　木乃伊与阿努比斯神　底比斯塞尼杰姆墓室壁画　公元前13世纪

(采自李建群《古代埃及和美索不达米亚美术》,中国人民大学出版社2004年)

中国丝绸之路上的墓室壁画

图6-21　墓道车队前恭迎图　洛阳朱村　东汉-曹魏壁画墓
（采自黄明兰、郭引强《洛阳汉墓壁画》，文物出版社1996年）

总论卷

图6-22　墓前室内景图　洛阳金谷园新莽壁画墓　东汉前期
（采自黄明兰、郭引强《洛阳汉墓壁画》，文物出版社1996年）

在墓室壁画的表现上，两种完整性也有不同的反映。中国墓室壁画中，画面表现的是墓主人生前的一些常态生活细节，生前死后是一种自然的过渡。埃及墓室壁画中，画面表现的是墓主人生前的一些特定生活场景，生前死后有一种刻意的过渡。中国墓室壁画中也有一些刻意的过渡内容，这对于重生叙事的真实性是需要的，但这些过渡内容基本是在墓室建筑的形制上就给予考虑了，如墓道部分的车马出行图、仪仗图等，墓门部分的双龙穿璧图、门阙神灵图和天门榜题等，以及墓室顶部的天象图、云气图等，这些图像象征着两个世界的区别。在两种完整性指导下，中国墓室壁画表现出浓郁的叙事性气息，埃及墓室壁画表现出浓郁的仪式性气息（图6-21、图6-22）。

202

第二节　中国和墨西哥墓室壁画的比较

墨西哥历史悠久，早在六七千年前左右，墨西哥高原就出现了农业部落和原始陶器，同时还出现了陶俑、石碑等最早的宗教艺术，其后又经历了前古典期、古典期和后古典期三个时期，创造了辉煌灿烂的五大文化，它们是奥尔米克文化、提奥地华甘文化、玛雅文化、托尔台克文化和阿兹台克文化。墨西哥的墓室壁画辉煌期是在玛雅文化时期，其中以博南帕克壁画最负盛名。

第一，墨西哥墓室壁画的特征梳理。

博南帕克壁画（Bonampak）又称波拿蒙派克城壁画，位于墨西哥恰帕斯州博南帕克的一座玛雅神庙内，时间约为公元6～8世纪，属于玛雅文化繁荣后期。这处壁画最让人欣喜的是遗存基本完整。"壁画在三间石室的墙壁上，被称为'画厅'。第一厅画出征仪式、贵族仪仗；第二厅画战争、凯旋；第三厅画庆祝游行、音乐舞蹈。"

博南帕克壁画能够被基本保存下来堪称奇迹，这应当与它的形制特征有关。国内学者一般将其称为神庙，但其有着一些特别的地方。我们认为这座神庙是一个有着特殊仪式的宗教场所，更多的可能是与当时统治者的墓葬活动相关，所以这里可作墓室壁画看待。

梳理博南帕克壁画和其他相关遗存，可以寻找到这样一些特征：

其一，特权者的仪式场所。

从遗存模型看有一点值得注意，这就是博南帕克壁画是以特定观众的视觉要求而绘制。三个画厅，每一个画厅如同一间小房间，只可以容纳几个人。而且，情节最为完整、绘制最为精细和最为激动人心的祭祀和庆祝场景只能被少数人观看，这些人有着国王本人那样足够的特权，他们可以坐在那些宝座上观看。显然，这是一个特权者的仪式场所（图6-23、图6-24）。

图 6-23　博南帕克壁画形制图　美国大都会美术馆
（笔者拍摄）

图 6-24　博南帕克壁画平面图　美国大都会美术馆
（笔者拍摄）

其二，有着生死转化体验的图像描述。

壁画的主要情节是描述祭祀与庆祝的场面，表达的主题是国王的军事强大和权利至高无上，这是一个历史事件和神话故事交织的结构。从画面构图看，神话部分的内容被描绘在几何形的顶部，这是一个具有象征意义的天界（Skyband）。在这里，壁画制作者们刻意表现了死亡与重生的自然循环过程，有如农业生产周期一样。这是一种生死转化的周期，体现着终极关怀的宗教信仰体验。这样的仪式场所，显然具有封闭性的倾向。

顶部的图像有着神话故事的展开，实际上是在描述国王如何得到翼神的帮助而获得重生的故事，其中突出描述了重生血液的功能。顶部图像的情节大致如下：

（1）天空被黑色漩涡状的雨云包围，玛雅翼神从天空的裂缝中降临，进入到东方花园天堂，这里是太阳每天重新升起的地方。

（2）画面中，波浪形的细线是用来表示翼神的美妙歌声，红色的漩涡的线条是用来表示花朵的香味正在飘向空中。

（3）一个也许代表着风神的小个子正戴着鸭子面具在下方跳舞，沟通着上方的翼神。他嘴唇边的细波浪线表示他在说话，或者表示他正在唱歌。

（4）这份记载中有关于重生血液的故事，它记录着这样的日期：第三天，翼神掀起了大风，事情开始发生……

（5）然后，翼神向着四棵神树的方向飞去，他首先落到一棵枝干粗大、果实累累的神树上。

（6）一条双头蛇从翼神的嘴里游动出来，它在红色的气旋中嘶嘶作响。

（7）国王的庇护神精力旺盛，他从自己骑着的狮子身上取出重生血液。

（8）翼神飞向下一棵神树，那里有一只作为祭祀用的火鸡。

（9）穿着猎人装备的年轻勇士，他提供了可以重生的血液，他狩猎的篮子里已经有了许多鸟类猎物。

（10）这位年轻勇士名字叫"Ahaw"，意思是这里的主人与国王。

(11) 翼神又飞向下一棵神树,年轻的国王奉上了一头宰杀的鹿,并再次奉上他的血液。

(12) 四棵神树立于河畔,翼神就是在此栖息。

(13) 这时,年轻的国王奉上了一条鱼和自己的血液用于创生,黑色的烟与红色的精气飘入翼神的口中。

这段故事中,突出地描写了血液、鸟和其他动物,以及控制重生过程的国王和翼神,这些都是完成重生的重要物象(图6-25、图6-26)。

第二,中国与墨西哥墓室壁画的比较。

中国和墨西哥的墓室壁画在时间和体量上都有很大不同,但在重生信仰上有着一致的地方。中国壁画墓的墓主人认为墓室中可以实现生死转化,墨西哥壁画墓的墓主人也有着这样的宗教体验。不过,从墓室壁画的遗存看,墨西哥的墓室壁画有两个突出的特征:首先,国王与神灵的交流。墨西哥的玛雅文化中,国王与神灵直接交流,并因此而获得重生,这个情节有神话的支持。这一点既不同于中国的墓主人与神灵分立的两个图像体系,也不同于埃及的墓主人与神灵合一的图像体系,国王可能是增加出来的一个

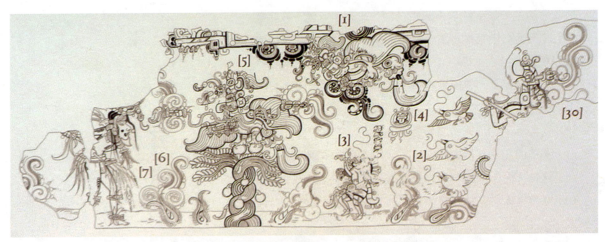

图6-25　博南帕克壁画顶部图(一)美国大都会美术馆
(笔者拍摄)

图 6-26　博南帕克壁画顶部图（二）美国大都会美术馆
（笔者拍摄）

层次。其次，神庙与墓室的重叠。在玛雅文化中，有些墓葬活动直接与神庙联系在一起，当代的考古活动中就有这样的成果。考古学者发现，早期的古代玛雅人将一些神庙建筑作为埋葬的场所，这个行为持续了好几个世纪。最初，这些建筑可能只是一个很大的平台，后来平台上有了许多放置葬具的房间，最后这些房间把平台全部放满。中国的壁画墓，最初也有墓祭的描述，后来祭祀与墓葬分开，各自都有了自己的仪式场所和独立的宗教体验（图6-27）。

以上这些区别中，中国墓室壁画的一个特征再次凸显出来，这就是中国墓室壁画的阶层广泛性。中国墓室壁画在社会各个阶层普遍存在，历

图 6-27　玛雅文化中的神庙　美国大都会美术馆
（笔者拍摄）

史上,主流社会和非主流社会都曾经对墓室壁画投入了巨大的热情,而埃及和墨西哥墓室壁画从考古成果看主要是分布在主流社会,甚至是最高统治者阶层。中国墓室壁画在阶层上的广泛性,无疑增加了重生信仰图像的历史厚度(图6-28、图6-29)。

图6-28　依门侍女图　洛阳二号宋墓后壁壁画　宋代
(采自徐光冀主编《中国出土壁画全集》,
科学出版社2012年)

图6-29　导车图　朱村东汉-曹魏墓壁画南壁
(采自黄明兰、郭副强《洛阳汉墓室壁画》,
文物出版社1996年)

由此可见,随着中原民众的南渡,他们将家乡的葬俗也带到了新的生活环境,但由于东南与中原文化存在差异,因此在中原地区常见的反映墓主生活的开芳宴、启门、侍奉等,表现儒家孝道的二十四孝,以及展示墓主生活环境的门、窗、桌椅等题材,在东南地区均不见,具体原因还值得进一步挖掘。